CE1 CE2 CM1 CM2



Chouette

# Calcul mental

Lydie Treffort
*avec la contribution de*
Roland Charnay
*Enseignants*

*Écris ton prénom.*

---------------------------------------------

Hatier

# Présentation

## ■ L'apprentissage du calcul mental : une progression de classe en classe

Cet ouvrage, conforme aux programmes de l'Éducation nationale, a été conçu comme une méthode pour s'entraîner, d'une manière systématique et progressive, au calcul mental.

■ Pour chaque niveau, signalé par un onglet de couleur, vous trouverez des séquences de 2 pages.

② Un conseil parents pour vous aider à accompagner votre enfant.

④ Des problèmes pour appliquer ces automatismes à des situations concrètes.

① Des conseils et des astuces pour calculer juste et rapidement.

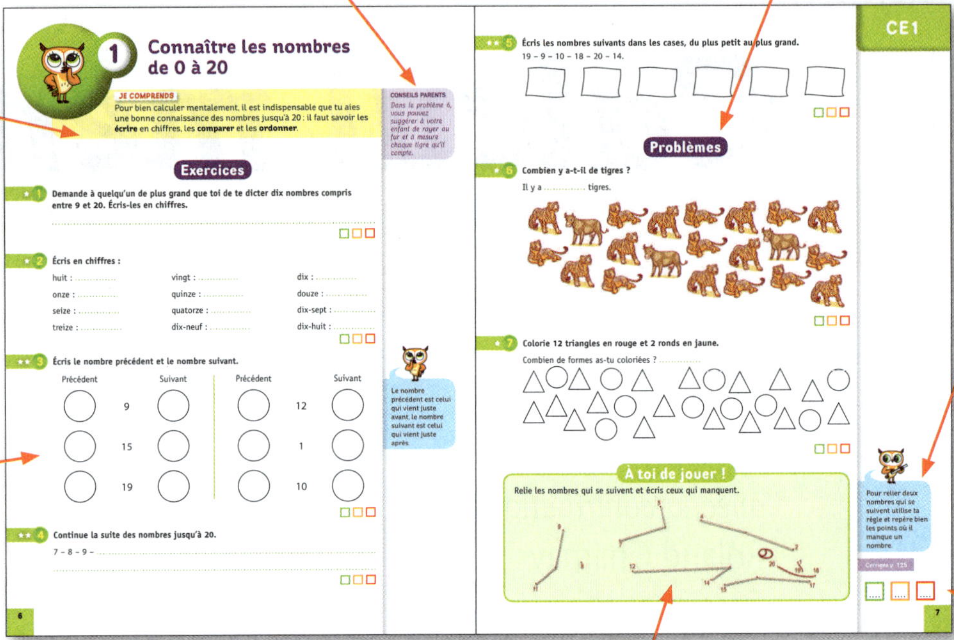


③ Des exercices pour créer des automatismes en calcul.

⑤ Une astuce pour aider votre enfant à résoudre un exercice.

⑦ Une auto-évaluation pour constater les progrès.

⑥ Un encadré « À toi de jouer ! » avec des jeux ou des énigmes pour faire du calcul mental tout en s'amusant.

■ À la fin de chaque exercice, l'enfant peut cocher, après consultation des corrigés, le carré vert quand il a très bien réussi, le carré orange quand il a moyennement bien réussi ou le carré rouge quand l'exercice n'est pas réussi. En bas de chaque double-page, l'enfant peut ensuite noter le nombre d'exercices qu'il a très bien (□), moyennement (□) ou pas du tout réussis (□).

## ■ Avec aussi :

- un **jeu** à la fin de chaque niveau,
- les **corrigés** détaillés de tous les exercices,
- les **tables d'addition** et **de multiplication** en fin d'ouvrage.

Achevé d'imprimer par loire Offset Titoulet à Saint-Etienne - France - Dépôt légal 97865 4 / 01 - Mars 2015

© Hatier, 8 rue d'Assas, 75006 Paris • 2015 • ISBN : 978-2-218-97865-4
Conception graphique : Frédéric Jély • Édition : Imaginemos • Mise en page : Lasergraphie • Illustrations : Karen Laborie • Chouettes : Adrien Siroy.

# Sommaire



Rendez-vous sur le site
www.hatier-entrainement.com
pour faire le bilan de tes
connaissances en MATHS !

**Cet ouvrage a pour but de familiariser votre enfant avec le calcul mental. Pour cela, il convient, dans un premier temps, de :**

- **bien connaître les nombres** sur lesquels votre enfant aura à calculer. C'est pourquoi certaines pages sont consacrées à la lecture et à la décomposition des nombres.
- **disposer de points d'appui :** la connaissance des doubles, les compléments à 10…

**Doté de ces connaissances, votre enfant pourra dans un second temps et en s'entraînant régulièrement :**

- **mémoriser des résultats simples ou reconstituer un résultat oublié :** par exemple 7 + 6 est égal au double de 6 auquel on ajoute 1 (7 + 6 = 6 + 6 + 1).
- **élaborer mentalement des résultats qu'il ne peut pas mémoriser.** On parle alors de **calcul réfléchi**. Ce type de calcul est sans doute plus délicat pour la plupart des enfants. À cela deux raisons : l'absence de systématisation d'une part et d'autre part la possibilité pour un même calcul d'avoir recours à plusieurs méthodes pour obtenir le résultat. Fournir aux enfants des pistes possibles parmi lesquelles ils peuvent choisir est l'un des objectifs de cet ouvrage : les conseils donnés au début de chaque séquence, dans l'encadré jaune, les aideront.

Dans les quatre niveaux concernés et pour chacune des notions abordées, **des exercices systématiques et des problèmes sont proposés**. Ils permettent d'utiliser, d'assimiler et de mémoriser l'essentiel des connaissances visées. Une petite astuce, sur fond bleu, donne régulièrement à votre enfant un coup de pouce pour l'aider à résoudre un exercice.

Le calcul mental ne doit pas être une activité austère. Sa pratique peut avoir un aspect ludique et susciter la curiosité. C'est pourquoi chaque séquence se termine par une **activité récréative nommée « À toi de jouer ! »**

Et pour clore chacun des niveaux, **un jeu type « jeu de société »** sollicite l'habileté en calcul mental.

### L'importance de la valorisation

Tous les enfants ne progressent pas au même rythme. Il faut donc éviter le découragement, ne pas hésiter à valoriser les progrès de votre enfant et lui faire comprendre qu'il peut être utile de faire des exercices d'un niveau scolaire inférieur ou de reprendre des exercices déjà réalisés.

Les auteurs

# Sommaire CE1

Reporte la date à laquelle tu as fini chaque chapitre et coche la case ☐☐☐ qui correspond à ton résultat.

# 1 Connaître les nombres de 0 à 20

**JE COMPRENDS**

Pour bien calculer mentalement, il est indispensable que tu aies une bonne connaissance des nombres jusqu'à 20 : il faut savoir les **écrire** en chiffres, les **comparer** et les **ordonner**.

**CONSEILS PARENTS**

*Dans le problème 6, vous pouvez suggérer à votre enfant de rayer au fur et à mesure chaque tigre qu'il compte.*

## Exercices

★ **1** **Demande à quelqu'un de plus grand que toi de te dicter dix nombres compris entre 9 et 20. Écris-les en chiffres.**

12 13 15 18 20
17 11 19 10 14

☐ ☐ ☐

★ **2** **Écris en chiffres :**

| | | |
|---|---|---|
| huit : .............. | vingt : .............. | dix : .............. |
| onze : .............. | quinze : .............. | douze : .............. |
| seize : .............. | quatorze : .............. | dix-sept : .............. |
| treize : .............. | dix-neuf : .............. | dix-huit : .............. |

☐ ☐ ☐

★★ **3** **Écris le nombre précédent et le nombre suivant.**

| Précédent | | Suivant | Précédent | | Suivant |
|---|---|---|---|---|---|
| ◯ | 9 | ◯ | ◯ | 12 | ◯ |
| ◯ | 15 | ◯ | ◯ | 1 | ◯ |
| ◯ | 19 | ◯ | ◯ | 10 | ◯ |

☐ ☐ ☐

Le nombre précédent est celui qui vient juste avant. Le nombre suivant est celui qui vient juste après.

★★ **4** **Continue la suite des nombres jusqu'à 20.**

7 – 8 – 9 – ..............................................................................................

..............................................................................................

☐ ☐ ☐

**★ 5 Écris les nombres suivants dans les cases, du plus petit au plus grand.**

19 – 9 – 10 – 18 – 20 – 14.

| | | | | | |
|---|---|---|---|---|---|
| | | | | | |

□ □ □

## Problèmes

**★ 6 Combien y a-t-il de tigres ?**

Il y a .............. tigres.

□ □ □

**★ 7 Colorie 12 triangles en rouge et 2 ronds en jaune.**

Combien de formes as-tu coloriées ? ..............

□ □ □

## À toi de jouer !

Relie les nombres qui se suivent et écris ceux qui manquent.

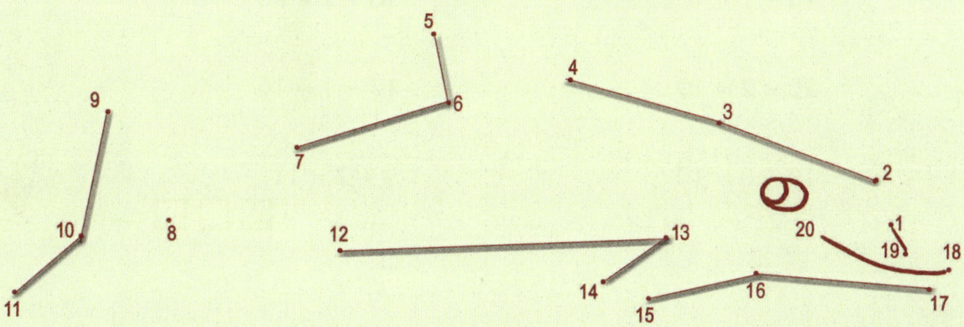

Pour relier deux nombres qui se suivent, utilise ta règle et repère bien les points où il manque un nombre.

Corrigés p. 126

.... .... ....

# 2 Ajouter ou soustraire 1 et 2

**JE COMPRENDS**

Quand tu **additionnes**, tu as toujours **plus**... sauf si tu ajoutes **0** !
Quand tu **soustrais**, tu as toujours **moins**... sauf si tu soustrais **0** !

Rappelle-toi qu'additionner 1 donne comme résultat le **nombre suivant** et que soustraire 1 donne comme résultat le **nombre précédent**.

**CONSEILS PARENTS**

*Si votre enfant a d'importantes difficultés pour calculer, proposez-lui de travailler avec de petits objets pour matérialiser les quantités (cubes, crayons, pâtes, etc.).*

## Exercices

**★ 1 Écris le résultat de chaque calcul.**

8 + 1 = ..............
10 − 1 = ..............
2 + 5 = ..............
9 − 2 = ..............
9 + 1 = ..............
1 + 7 = ..............
11 − 2 = ..............
16 + 2 = ..............
19 + 1 = ..............
8 + 1 − 1 = ..............
17 + 1 + 2 = ..............
20 − 1 = ..............

**★★ 2 Observe et complète les suites.**

| | | | | | | | | | | |
|---|---|---|---|---|---|---|---|---|---|---|
| 0 | 2 | 4 | 6 | | | | | | | |
| 1 | 3 | 5 | 7 | | | | | | | |
| 21 | 20 | 19 | | | | | | | | |
| 20 | 18 | 16 | | | | | | | | |

Trouve d'abord la règle de calcul qui permet d'écrire la suite des nombres.

**★★ 3 Entoure les égalités justes et corrige les autres.**

8 + 2 = 10
18 − 1 = 16
18 + 2 = 20
3 + 1 = 4
20 − 2 = 19
17 − 1 = 16
10 + 2 = 11
10 − 0 = 10
9 + 2 = 11

# Problèmes

**4** **Pour son anniversaire, Camille a invité chez elle 7 copines et 2 copains.**
**Combien Camille a-t-elle d'invités ?**

*Phrase réponse* : Camille a .............. invités.

**Avec Camille, combien y a-t-il d'enfants en tout ?**

*Phrase réponse* : Au total il y a .............. enfants.

☐ ☐ ☐

Tu peux t'aider en représentant les enfants présents à l'anniversaire par des croix.

**5** Aux jeux Olympiques de Londres 2012, la nageuse Camille Muffat a gagné une médaille d'or, une d'argent et une de bronze.

**Combien a-t-elle remporté de médailles ?**

*Phrase réponse* : Camille Muffat a remporté .............. médailles aux jeux Olympiques de Londres 2012.

Elle en a gagné deux de moins que son adversaire Allison Schmitt.

**Combien Allison Schmitt a-t-elle remporté de médailles ?**

*Phrase réponse* : Allison Schmitt a remporté .............. médailles aux jeux Olympiques de Londres 2012.

☐ ☐ ☐

Tu peux représenter les médailles par des ronds pour t'aider à trouver la réponse.

## À toi de jouer !

### Le labynombre

Pour aider ces deux nageurs à rejoindre la plage, tu dois colorier la case 15 puis les suivantes en soustrayant 1 à chaque case jusqu'à 0.

| 15 | 19 | 5 | 14 | 20 | 8 |
|---|---|---|---|---|---|
| 14 | 18 | 14 | 1 | 13 | 4 |
| 13 | 12 | 11 | 10 | 5 | 17 |
| 18 | 19 | 12 | 9 | 6 | 15 |
| 16 | 15 | 14 | 8 | 5 | 19 |
| 16 | 11 | 19 | 7 | 4 | 20 |
| 14 | 10 | 7 | 6 | 3 | 9 |
| 11 | 6 | 14 | 5 | 4 | 1 |
| 16 | 11 | 19 | 1 | 3 | 0 |
| 13 | 19 | 5 | 14 | 2 | 8 |
| 13 | 19 | 5 | 14 | 1 | 0 |

Corrigés p. 126

.... .... ....

# 3 Les compléments à 10

**JE COMPRENDS**

Tu dois connaître ces résultats par cœur, automatiquement, sans avoir besoin de réfléchir.

2 + 8
8 + 2

3 + 7
7 + 3

1 + 9
9 + 1

**= 10**

4 + 6
6 + 4

0 + 10
10 + 0

5 + 5

**CONSEILS PARENTS**

*Pour les exercices 2 et 4, il est préférable de cacher l'encadré jaune ci-contre.*

## Exercices

★ **1** **Demande à quelqu'un de plus âgé que toi de te dire un nombre compris entre 0 et 10. Tu dois donner tout de suite le complément à 10.**

**Exemple : il te dit 7, tu réponds 3.**

Fais-le au moins cinq fois.

☐ ☐ ☐

★★ **2** **Dans chaque calcul, écris le nombre manquant.**

| | | |
|---|---|---|
| 3 + 2 + .............. = 10 | 5 + 2 + .............. = 10 | 5 + 1 + .................. = 10 |
| 2 + 2 + .............. = 10 | 0 + 1 + .............. = 10 | 2 + 7 + .................. = 10 |
| 2 + 1 + .............. = 10 | 8 + 2 + .............. = 10 | 10 + 0 + ................ = 10 |
| 0 + 2 + .............. = 10 | 6 + 2 + .............. = 10 | 6 + 2 + 1 + ............ = 10 |
| 4 + 6 + .............. = 10 | 4 + 3 + .............. = 10 | 3 + 3 + 3 + ............ = 10 |
| 3 + 5 + .............. = 10 | 1 + 4 + .............. = 10 | 1 + 5 + 2 + ............ = 10 |

☐ ☐ ☐

★★ **3** **Écris le résultat de chaque calcul.**

| | | |
|---|---|---|
| 10 − 4 = ........... | 10 − 1 = ........... | 10 − 6 = ........... |
| 10 − 3 = ........... | 10 − 9 = ........... | 10 − 5 = ........... |
| 10 − 8 = ........... | 10 − 0 = ........... | 10 − 7 = ........... |

☐ ☐ ☐

**4** **Complète les bulles ci-dessous comme tu veux pour obtenir le résultat 10. Les additions doivent toutes être différentes.**

**=10**

...... + ......

...... + ...... + ......

...... + ...... + ......

...... + ......

...... + ...... + ...... + ......

## Problèmes

**5** Mamie et papi jouent à cache-cache avec leurs 10 petits-enfants. Après avoir compté jusqu'à 30, ils ont commencé à chercher. Au bout de 3 minutes, ils ont déjà trouvé 3 enfants. Au bout de 5 minutes, ils ont trouvé 2 enfants de plus.
**Combien d'enfants sont encore cachés au bout de 3 minutes ?**
**Au bout de 5 minutes ?**

*Phrases réponse :*

Après 3 minutes de recherche, .................. enfants sont encore cachés.

Après 5 minutes de recherche, .................. enfants sont encore cachés.

**6** Lucas m'a donné des bonbons. J'ai mangé 3 bonbons et il m'en reste encore 7.
**Combien de bonbons Lucas m'a-t-il donnés ?**

*Phrase réponse :* Lucas m'a donné .................. bonbons.

## À toi de jouer !

Dans chaque grille, barre les paires de nombres dont la somme est égale à 10. Il ne reste qu'un nombre dans chaque grille. Écris-les dans l'ordre dans la phrase mystère ci-dessous puis réécris la phrase avec la bonne orthographe !

| 3 | 5 | 0 |
|---|---|---|
| 7 | 8 | 9 |
| 10 | 5 | 2 |

| 7 | 6 | 10 |
|---|---|---|
| 5 | 3 | 9 |
| 1 | 0 | 5 |

« Dommage, maman ne peut pas faire sa délicieuse tarte : il lui manque un ..............
et deux .................. trons ! »

..........................................................................................

Si tu as des difficultés pour trouver la bonne orthographe des deux mots manquants, demande à une personne plus âgée que toi.

Corrigés p. 126

.... .... ....

# 4 Les doubles jusqu'à 10

**JE COMPRENDS**

Pour trouver le double d'un nombre, tu l'ajoutes une deuxième fois.

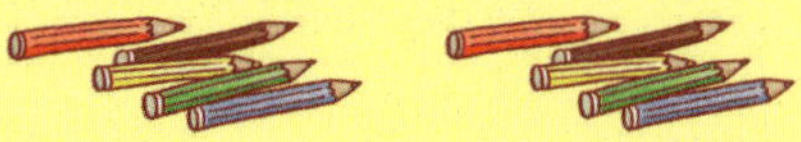

**5 + 5 = 10**

**10 est le double de 5.**

**Les doubles à connaître par cœur :**

1 + 1 = **2**
2 + 2 = **4**
3 + 3 = **6**
4 + 4 = **8**
5 + 5 = **10**
6 + 6 = **12**
7 + 7 = **14**
8 + 8 = **16**
9 + 9 = **18**
10 + 10 = **20**

**CONSEILS PARENTS**

*Vous pouvez faire remarquer à votre enfant que tous les doubles ont 0, 2, 4, 6 ou 8 pour chiffre des unités.*

## Exercices

Réponds aux exercices 1 à 4 sans utiliser le tableau des doubles. Tu peux ensuite vérifier tout seul tes résultats à l'aide de ce tableau.

**★ 1 Écris dans la case le double de :**

5 double ☐ 9 double ☐ 10 double ☐ 6 double ☐

8 double ☐ 3 double ☐ 7 double ☐ 4 double ☐

☐ ☐ ☐

**★★ 2 Entoure les nombres qui sont des doubles.**

12 8 16 11 4 19 10 14 5 2 20 11

☐ ☐ ☐

**★★★ 3 Complète les phrases suivantes.**

6 est le double de ............

20 est le double de ............

12 est le double de ............

14 est le double de ............

8 est le double de ............

10 est le double de ............

18 est le double de ............

16 est le double de ............

☐ ☐ ☐

**4** **Relie chaque addition à son résultat.**

| | |
|---|---|
| 5 + 5 | 20 |
| 9 + 9 | 10 |
| 10 + 10 | 18 |
| 2 + 2 | 12 |
| 6 + 6 | 4 |

## Problèmes

**5** Un fleuriste a vendu 2 bouquets de 7 roses.
**Combien a-t-il vendu de roses ?**

*Phrase réponse :* Il a vendu ........... roses.

**6** Léon donne 9 billes à son copain et 9 autres billes à sa sœur.
Il dit qu'il a 18 billes en moins dans son sac.
**A-t-il raison ? Explique ta réponse.**

............................................................

............................................................

## À toi de jouer !

Tu connais l'araignée et le cheval mais as-tu déjà entendu parler de l'araignée de mer et du cheval de mer ?

L'araignée de mer (on l'appelle aussi crabe araignée) est un crustacé qui possède dix pattes. Sa carapace est rougeâtre et couverte de tubercules épineux. Elle peut mesurer jusqu'à 20 cm et peser jusqu'à 3 kg ! On la trouve dans les eaux de la mer Méditerranée et de l'océan Atlantique.

**Combien de pattes deux araignées de mer ont-elles au total ?**

*Phrase réponse :* Deux araignées de mer ont ........... pattes au total.

L'hippocampe est un poisson. Il nage debout et il est très lent, c'est même l'animal le plus lent du monde. Il lui faut 5 minutes pour aller du bas vers le haut d'un grand cahier ! Il se nourrit de petits crustacés qu'il aspire au passage avec sa trompe.

**Combien faut-il de minutes à un hippocampe pour traverser 2 grands cahiers du bas vers le haut ?**

*Phrase réponse :* Il lui faut ........... minutes.

Repère et entoure dans chaque texte l'information qui te sera utile pour répondre.

Corrigés p. 127

# 5 Les tables d'addition

**JE COMPRENDS**

Pour effectuer une addition, ajoute le plus **petit** nombre au plus **grand**.

**Pour calculer 3 + 9, calcule 9 + 3.**

- Tu dois pouvoir donner **très vite** les réponses aux questions de ces deux pages. Réponds d'abord sans utiliser de matériel.
- Ensuite, pour vérifier les réponses, tu pourras prendre une feuille de brouillon ou t'aider avec des crayons, des cubes, tes doigts...

**CONSEILS PARENTS**

*Pour aider votre enfant, recopiez avec lui la table d'addition de la page 143 sur une feuille à petits carreaux. Dès qu'il connaît bien un résultat, coloriez la case correspondante en jaune. En regardant les cases non coloriées, votre enfant verra ce qu'il a encore à apprendre.*

## Exercices

**★ 1 Écris le résultat de chaque opération.**

| | | |
|---|---|---|
| 3 + 2 = ............ | 4 + 6 = ............ | 5 + 8 = ............ |
| 5 + 5 = ............ | 8 + 6 = ............ | 10 + 8 = ............ |
| 2 + 7 = ............ | 9 + 3 = ............ | 8 + 9 = ............ |
| 8 + 0 = ............ | 11 − 3 = ............ | 16 − 6 = ............ |
| 1 + 8 = ............ | 14 − 5 = ............ | 14 − 4 = ............ |
| 10 − 1 = ............ | 7 − 5 = ............ | 9 + 7 = ............ |

☐ ☐ ☐

**★★ 2 Écris le nombre manquant.**

5 + ............ = 7 | 8 + ............ = 9 | 3 + ............ = 6

1 + ............ = 8 | 2 + ............ = 8 | 6 + ............ = 9

☐ ☐ ☐

**★ 3 Complète.**

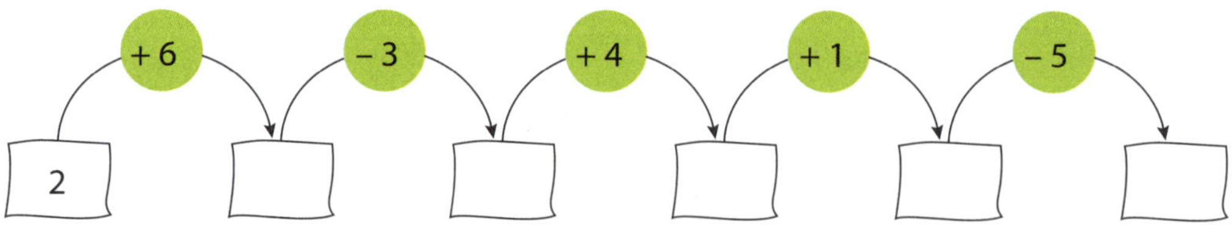


☐ ☐ ☐

**★★★ 4 Entoure en bleu les sommes égales à 14, en rouge celles égales à 16, en orange celles égales à 17 et en vert celles égales à 18.**

| | | | |
|---|---|---|---|
| 7 + 7 | 10 + 4 | 7 + 9 | 9 + 9 |
| 8 + 9 | 6 + 8 | 8 + 8 | 9 + 8 |
| 7 + 10 | 10 + 6 | 8 + 10 | 9 + 5 |

☐ ☐ ☐

# Problèmes

5 Pour le goûter, papi m'a donné un paquet de 10 gâteaux.
J'en ai mangé 4.
**Combien reste-t-il de gâteaux dans le paquet ?**

*Phrase réponse :* Il reste ............ gâteaux.

6 La mamie de Juliette a 4 poissons dans son aquarium.
**Combien doit-elle acheter de poissons pour en avoir 7 ?**

*Phrase réponse :* Elle doit acheter ............ poissons.

7 Maman a acheté 2 boîtes de 6 œufs. Elle en a utilisé 8 pour faire des crêpes.
**Combien lui reste-t-il d'œufs ?**

*Phrase réponse :* Il lui reste ............ œufs.

8 Léa assemble un collier pour la fête des mères. Elle veut écrire avec des « perles lettres » en forme de cœur le message BONNE FÊTE MAMAN. Elle ajoute aussi 3 perles roses et 3 perles violettes.
**Combien faut-il de « perles lettres » à Léa ?**
**Combien son collier aura-t-il de perles en tout ?**

*Phrases réponse :*

Il faut ............ « perles lettres ».

Le collier de Léa aura ............ perles en tout.

Avant de calculer les résultats des problèmes 5 à 8, écris les bonnes opérations.

## À toi de jouer !

Colorie de la même couleur les bulles qui correspondent au même nombre.

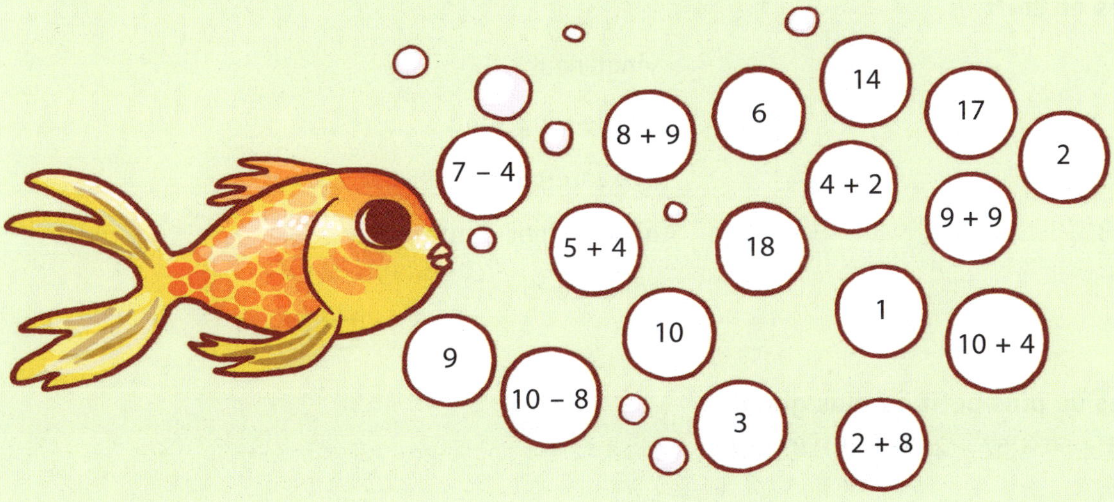


**Quelle est la bulle mystère qui ne va avec aucune autre ?**

Tu peux toi aussi inventer ce jeu avec un autre animal que le poisson. Par exemple : le chien et ses os mystères, la souris et ses fromages, le lapin et ses carottes...

Corrigés p. 127

# 6 Connaître les nombres jusqu'à 100

**JE COMPRENDS**

Pour comprendre ce que vaut un chiffre dans un nombre, regarde la place qu'il occupe.

**Dans 35, le chiffre 3 vaut 3 dizaines et 5 est le chiffre des unités.**

35 c'est aussi 35 unités.

| dizaines | unités |
|---|---|
| 3 | 5 |

**35 = 30 + 5**

**CONSEILS PARENTS**

*Vous pouvez attirer l'attention de votre enfant sur le fait que lorsqu'il entend un nombre qui commence par « soixante », son chiffre des dizaines peut être un 6 ou un 7. Et quand il entend un nombre qui commence par « quatre-vingts », son chiffre des dizaines peut être un 8 ou un 9.*

## Exercices

★ **1** **Demande à quelqu'un de plus grand que toi de te dicter 10 nombres compris entre 21 et 100. Écris-les en chiffres.**

..................................................................................................

..................................................................................................

☐ ☐ ☐

★ **2** **Complète.**

| 18 | 19 | | | | | 24 | | | | 28 | | | |
|---|---|---|---|---|---|---|---|---|---|---|---|---|---|

| 37 | 38 | | | | | | | 45 | | | | | |
|---|---|---|---|---|---|---|---|---|---|---|---|---|---|

| 67 | 68 | | | | | | 74 | | | | | | |
|---|---|---|---|---|---|---|---|---|---|---|---|---|---|

| 78 | | | | 82 | | | | | | | 89 | | |
|---|---|---|---|---|---|---|---|---|---|---|---|---|---|

☐ ☐ ☐

Tu peux vérifier tes réponses en t'aidant des numéros de pages de ton cahier. Ce conseil vaut aussi pour les exercices 4 et 5 !

★★ **3** **Écris ces nombres en chiffres.**

trente-huit : ............

cinquante-trois : ............

soixante-huit : ............

soixante-dix-huit : ............

soixante-dix-neuf : ............

vingt-neuf : ............

quatre-vingt-un : ............

soixante-quinze : ............

quatre-vingt-douze : ............

soixante-dix : ............

☐ ☐ ☐

★★★ **4** **Écris ces nombres du plus petit au plus grand.**

47 – 23 – 89 – 98 – 54 – 67 – 26 – 100 – 87 – 75

..................................................................................................

☐ ☐ ☐

**5** **Complète le tableau.**

| Nombre précédent | Nombre | Nombre suivant |
|---|---|---|
| | 60 | |
| | 79 | |
| | 99 | |
| | 80 | |

## Problèmes

**6** Nina, Laurine, Julie, Manon et Clara discutent de l'âge de leurs grands-mères. Chacune donne l'âge de sa mamie. Celle de Nina a 64 ans, celle de Laurine 72 ans, celle de Julie 60 ans, celle de Manon 59 ans et celle de Clara 81 ans.

**Qui a la mamie la plus jeune ?** ..........

**Qui a la mamie la plus âgée ?** ..........
**Écris l'âge des grands-mères, de la plus jeune à la plus âgée :**

..........

**7** La tortue d'Achille a 60 ans.

**Quel âge avait-elle l'année dernière ?** ..........

**Quel âge aura-t-elle l'année prochaine ?** ..........

**Quel âge aura-t-elle dans 5 ans ?** ..........

## À toi de jouer !

J'ai 84 ans, 54 chats et 70 recettes magiques.
**Qui suis-je ?**
Pour t'aider, relie les points de 69 à 100 et tu découvriras ce que je porte sur la tête !

**Je suis une** ..........

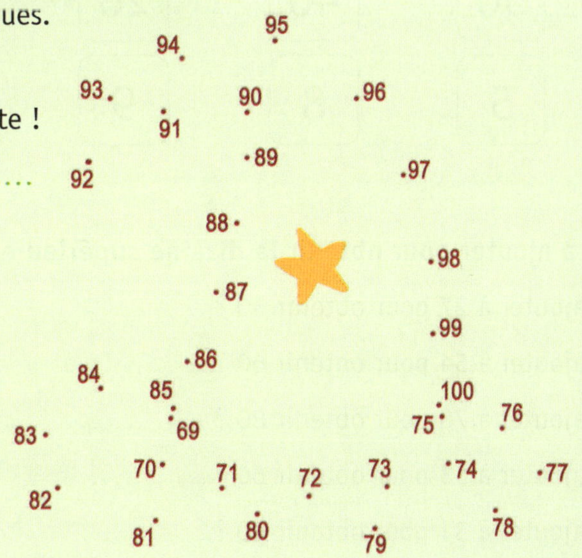

Utilise une règle pour relier les points.

Corrigés p. 127

# 7 Trouver le complément d'un nombre à la dizaine supérieure

**JE COMPRENDS**

**50** est la dizaine supérieure à **44**.
Pour trouver le complément de **44 à 50**, tu peux te servir du complément de **4 à 10**.

Le complément de **44 à 50** est **6**.

**CONSEILS PARENTS**

*En complément au jeu « À toi de jouer ! », vous pouvez proposer celui-ci à votre enfant : Placez un pion sur la piste de la page 64. Cachez la suite de la piste. Demandez à votre enfant quel est, parmi les nombres cachés, le premier dont le chiffre des unités est 0. Puis demandez de combien il faut avancer le pion pour y arriver. Faites vérifier la réponse en enlevant le cache et en lui faisant déplacer le pion.*

## Exercices

**★★ 1 Colorie en jaune la dizaine supérieure au nombre donné, puis colorie en rouge le nombre à ajouter pour y arriver.**

| | | | | | | |
|---|---|---|---|---|---|---|
| 15 | (dizaine supérieure) | 40 | 80 | 20 | 70 | 30 |
| | (nombre à ajouter) | 5 | 8 | 7 | 2 | 9 |
| 62 | | 50 | 70 | 80 | 30 | 90 |
| | | 5 | 7 | 8 | 1 | 4 |
| 81 | | 50 | 40 | 20 | 90 | 10 |
| | | 5 | 8 | 9 | 1 | 4 |

Pour les exercices et problèmes de ces deux pages, tu peux, après avoir répondu, vérifier les résultats avec une calculatrice.

**★ 2 Écris le nombre à ajouter pour obtenir la dizaine supérieure.**

Combien faut-il ajouter à 27 pour obtenir 30 ? ............

Combien faut-il ajouter à 54 pour obtenir 60 ? ............

Combien faut-il ajouter à 78 pour obtenir 80 ? ............

Combien faut-il ajouter à 53 pour obtenir 60 ? ............

Combien faut-il ajouter à 31 pour obtenir 40 ? ............

Combien faut-il ajouter à 62 pour obtenir 70 ? ............

**3** **Calcule.**

| | | |
|---|---|---|
| 20 = 14 + .............. | 90 = 87 + .............. | 70 = 68 + .............. |
| 50 = 45 + .............. | 20 = 19 + .............. | 40 = 32 + .............. |
| 70 = 64 + .............. | 50 = 42 + .............. | 80 = 79 + .............. |
| 30 = 26 + .............. | 20 = 11 + .............. | 80 = 73 + .............. |
| 40 = 31 + .............. | 60 = 53 + .............. | 30 = 25 + .............. |

## Problèmes

**4** Benjamin accompagne sa maman pour acheter les fournitures scolaires de son entrée en CE2. Le total des achats est de 42 €. La maman de Benjamin donne un billet de 50 €.

**Combien la vendeuse va-t-elle lui rendre ?**

*Phrase réponse :* La vendeuse lui rend ........... €.

**5** Léa fait un puzzle de 80 pièces. Elle l'a presque terminé car elle a déjà assemblé 74 pièces.

**Combien lui reste-t-il de pièces à poser ?**

*Phrase réponse :* Il lui reste ........... pièces à poser.

## À toi de jouer !

*(2 joueurs, 1 ou 2 dés, 2 pions)*

**Le but du jeu** : partir de la case **départ** (case 0) jusqu'à la case **arrivée** (100). Pour passer d'une case à l'autre, il faut d'abord trouver oralement le **complément**. S'il est inférieur ou égal à 6, le joueur lance un dé, sinon il lance 2 dés. Le joueur a droit à 3 essais. Si son lancer lui indique le complément, il avance son pion dans la case suivante. Sinon, c'est au tour de l'autre joueur. Ainsi de suite jusqu'à la case 100.

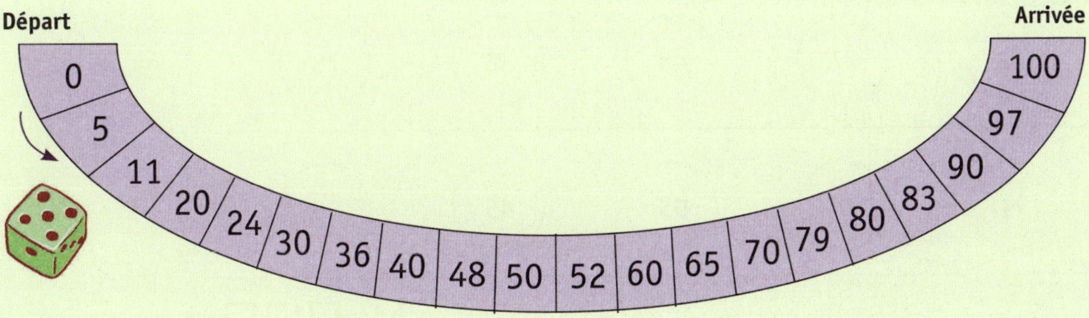


Le complément de 0 à 5 est **5**.

Corrigés p. 127

# 8 Ajouter des multiples de 10

**JE COMPRENDS**

Un **multiple de 10** est un nombre qui **se termine par zéro**.

- Lorsque j'additionne des multiples de 10, j'additionne les chiffres des dizaines et j'écris un zéro à droite.

**40 + 30 = 70**

- Lorsque j'additionne un nombre et un multiple de 10, j'additionne les chiffres des dizaines et j'ajoute le chiffre des unités du premier nombre.

**48 + 30 = 78**

**CONSEILS PARENTS**

*Vous pouvez faire remarquer à votre enfant que 10 c'est une dizaine, 20 deux dizaines, 30 trois dizaines, etc.*

## Exercices

**★ 1 Entoure les multiples de 10.**

21 – 45 – 40 – 50 – 35 – 70 – 20 – 29 – 81 – 90

□ □ □

**★★ 2 Calcule.**

| | | |
|---|---|---|
| 40 + 10 = ................ | 60 + 30 = ................ | 30 + 30 = ................ |
| 70 + 20 = ................ | 50 + 10 = ................ | 50 + 20 = ................ |
| 40 + 40 = ................ | 20 + 40 = ................ | 60 + 40 = ................ |
| 20 + 30 = ................ | 20 + 60 = ................ | 80 + 20 = ................ |

□ □ □

**★★★ 3 Retrouve le bon résultat et colorie-le.**

| | | | | | |
|---|---|---|---|---|---|
| 50 + 24 = | 74 | 54 | 64 | 50 | 20 |
| 80 + 15 = | 90 | 25 | 55 | 95 | 96 |
| 48 + 30 = | 70 | 77 | 48 | 38 | 78 |
| 75 + 20 = | 94 | 25 | 95 | 45 | 85 |

□ □ □

Certains résultats peuvent être facilement éliminés. Repère-les d'abord, puis effectue le calcul.

# Problèmes

**4** Dans un car, il y a 20 élèves. Le car s'arrête et 20 autres élèves montent. Personne ne descend.

**Combien y a-t-il d'enfants dans le car quand il redémarre ?**

*Phrase réponse :* Quand le car redémarre, il y a ................ élèves.

☐ ☐ ☐

**5** Bertrand collectionne les cartes de foot. Il les range dans deux albums pouvant contenir 50 cartes chacun. Le premier est rempli et dans le deuxième 24 cartes sont rangées.

**Combien Bertrand a-t-il de cartes de foot ?**

*Phrase réponse :* Bertrand a ................ cartes de foot.

☐ ☐ ☐

## À toi de jouer !

**Colorie les cases selon le code couleur.**

| 60 | 65 | 70 | 88 | 93 | 100 |
|---|---|---|---|---|---|

Quand tu as fini, vérifie que tu as bien colorié toutes les cases.

Corrigés p. 128

.... .... ....

# 9 Ajouter un nombre inférieur à 10

**JE COMPRENDS**

Pour ajouter un nombre plus petit que 10 à un nombre à deux chiffres, tu peux mettre le plus grand nombre « dans ta tête » puis :

- ajouter le plus petit nombre en t'aidant de tes **doigts**,
- ou ajouter le plus petit nombre en faisant des petits **bonds de 1**,
- ou ajouter le plus petit nombre en faisant d'**autres bonds**.

**17 + 4**

- Tu mets 17 dans ta tête puis tu avances de 4 en t'aidant de tes doigts.
- Tu mets 17 dans ta tête puis tu avances en faisant 4 petits bonds de 1.

| | +1 | +1 | +1 | +1 |
|---|---|---|---|---|
| 17 | 18 | 19 | 20 | 21 |

- Tu mets 17 dans ta tête puis tu avances d'abord de 3, puis de 1.

| | | +3 | | +1 |
|---|---|---|---|---|
| 17 | 18 | 19 | 20 | 21 |

**Astuce** ! Pour ajouter 8 à un nombre, tu ajoutes 10 puis tu enlèves 2.
**54 + 8 = 54 + 10 – 2 = 64 – 2 = 62**
Pour ajouter 9 à un nombre, tu ajoutes 10 puis tu enlèves 1.
**54 + 9 = 54 + 10 – 1 = 64 – 1 = 63**

**CONSEILS PARENTS**

*Si votre enfant s'aide de ses doigts pour ajouter un nombre inférieur à 10, essayez de l'orienter vers les astuces de calcul mental suggérées dans l'encadré ci-contre.*

## Exercices

★ **1** **Calcule.**

| | | |
|---|---|---|
| 38 + 4 = ............... | 7 + 54 = ............... | 25 + 9 = ............... |
| 23 + 7 = ............... | 4 + 23 = ............... | 87 + 3 = ............... |
| 51 + 9 = ............... | 3 + 85 = ............... | 64 + 5 = ............... |
| 24 + 6 = ............... | 8 + 64 = ............... | 47 + 8 = ............... |

☐ ☐ ☐

★★ **2** **Complète les cases.**

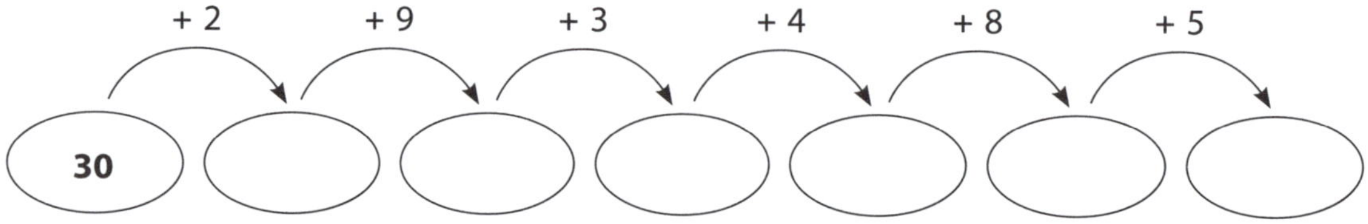


☐ ☐ ☐

À chaque étape, tu peux vérifier ton résultat avec une calculatrice avant de passer à l'étape suivante.

**3** **Complète.**

Combien faut-il ajouter à 12 pour aller à 17 ? ...............

Combien faut-il ajouter à 25 pour aller à 31 ? ...............

Combien faut-il ajouter à 31 pour aller à 39 ? ...............

Combien faut-il ajouter à 85 pour aller à 94 ? ...............

Combien faut-il ajouter à 70 pour aller à 75 ? ...............

Si tu ne trouves pas la réponse tout de suite, tu peux essayer un nombre en l'écrivant au crayon à papier, puis le modifier en gommant si ce n'est pas la bonne réponse.

## Problèmes

**4** Léo arrive à l'école avec 24 billes. Il en gagne 9 à la récréation.
**Combien a-t-il de billes après la récréation ?**

*Phrase réponse* : Après la récréation, Léo a ............... billes.

**5** La bibliothécaire compte ses prêts de livres pour la journée.
Elle en a prêté 8 le matin et 24 l'après-midi.
**Combien de livres ont été prêtés dans la journée ?**

*Phrase réponse* : ............... livres ont été prêtés dans la journée.

## À toi de jouer !

Dans un carré magique, si tu additionnes les 3 chiffres des 3 lignes, des 3 colonnes et des 2 diagonales, tu trouves le même résultat.

*Exemple :*

| 5 | 10 | 3 |
|---|---|---|
| 4 | 6 | 8 |
| 9 | 2 | 7 |

5 + 6 + 7 = **18**

3 + 6 + 9 = **18**

5 + 10 + 3 = **18**

4 + 6 + 8 = **18**

9 + 2 + 7 = **18**

5 + 4 + 9 = **18**

10 + 6 + 2 = **18**

3 + 8 + 7 = **18**

**Dans ces 2 carrés magiques, 2 nombres ont été effacés. À toi de les retrouver !**

| 16 | 2 | 12 |
|---|---|---|
| 6 |  | 14 |
| 8 | 18 |  |

| 10 | 5 | 6 |
|---|---|---|
|  | 7 | 11 |
| 8 | 9 |  |

Corrigés p. 128

.... .... ....

# 10 Les tables de multiplication 2, 4, 5 et 10

**JE COMPRENDS**

Il faut t'entraîner pour connaître ces tables par cœur.

- Dans la table de **2**, tous les résultats sont des **doubles**.
- Dans la table de **5**, tous les résultats **se terminent par 0 ou par 5**.
- Dans la table de **10**, tous les résultats **se terminent par 0**.

**CONSEILS PARENTS**

*Pour aider votre enfant, recopiez sur une feuille la table de multiplication de la page 144. Dès que votre enfant connaît bien un résultat, coloriez la case correspondante en jaune. Attention, au CE1, seules les tables de 2 à 5 sont à connaître. Les autres sont apprises à partir du CE2.*

## Exercices

★ 1 **Les tables de 2 et de 4 : complète-les.**

$2 \times 1 =$ .......... $= 1 + 1$ 

$2 \times 2 =$ .......... $= 2 + 2$ 

$2 \times 3 =$ .......... $= 3 + 3$ 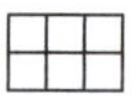

$2 \times 4 =$ .......... $= 4 + 4$ 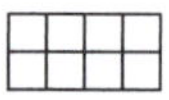

$2 \times 5 =$ .......... $= 5 + 5$ 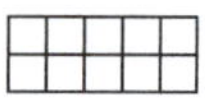

$2 \times 6 =$ .......... $= 6 + 6$ 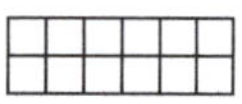

$2 \times 7 =$ .......... $= 7 + 7$ 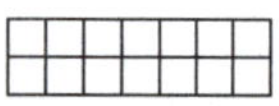

$2 \times 8 =$ .......... $= 8 + 8$ 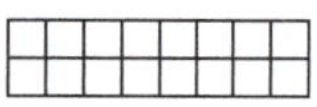

$2 \times 9 =$ .......... $= 9 + 9$ 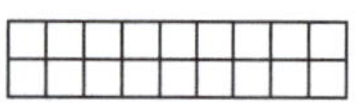

$4 \times 1 =$ .............. 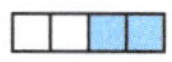

$4 \times 2 =$ .............. 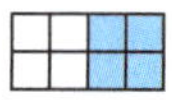

$4 \times 3 =$ .............. 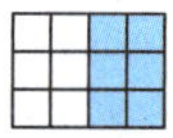

$4 \times 4 =$ .............. 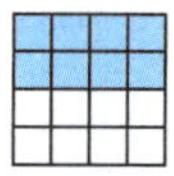

$4 \times 5 =$ .............. 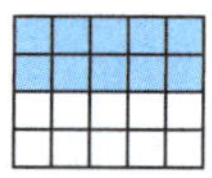

$4 \times 6 =$ .............. 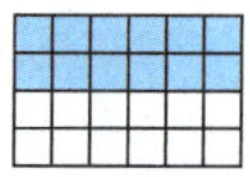

$4 \times 7 =$ .............. 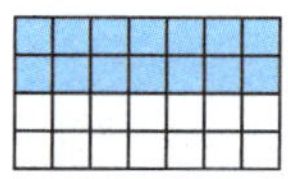

$4 \times 8 =$ .............. 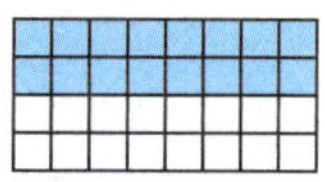

$4 \times 9 =$ .............. 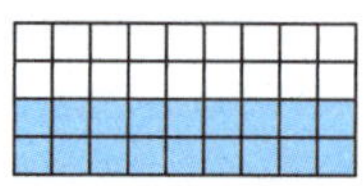

Tu constates que les résultats de la table de 4 sont les doubles de ceux de la table de 2.

★ 2 **La table de 5 : donne le nombre de points obtenus avec les dés suivants.**

 Total des points = ..........

 Total des points = ..........

Souviens-toi que $5 + 5 + 5 = 3 \times 5$ $= 5 \times 3$.

Total des points = ..........

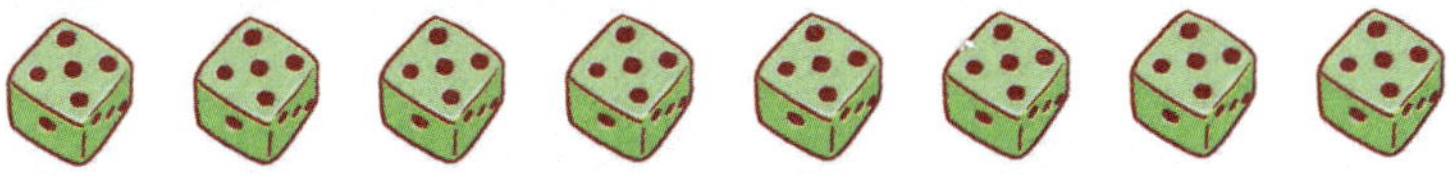

Total des points = ..........

Total des points = ..........

**3** **La table de 10 : pour multiplier un nombre par 10, il suffit d'écrire un 0 à droite de ce nombre.**

**Exemple : 8 × 10 = 80**

5 × 10 = .............. 9 × 10 = .............. 2 × 10 = ..............

4 × 10 = .............. 7 × 10 = .............. 3 × 10 = ..............

## Problèmes

**4** Une tablette de chocolat contient 40 carrés. Il y a 5 carrés par rangées.
**Combien de rangées y a-t-il ?**

*Phrase réponse :* Il y a .............. rangées.

Tu peux faire un dessin de la tablette pour t'aider.

**5** Jade, qui a 4 ans, aimerait bien connaître l'âge de sa maîtresse.
Elle sait que la maîtresse est 10 fois plus âgée qu'elle.
**Quel est l'âge de la maîtresse ?**

*Phrase réponse :* La maîtresse de Jade a .............. ans.

## À toi de jouer !

Nathan, Théodore et Maxime jouent au jeu de fléchettes sur cette cible.
Nathan a envoyé 2 flèches sur la zone 10 et 2 flèches sur la zone 2.
Théodore a envoyé 4 flèches sur la zone 5.
Maxime a envoyé 1 flèche sur la zone 10 et 3 flèches sur la zone 5.

**Qui a gagné ?** ..........................................

Dessine tes 4 flèches et compte tes points !

J'ai .............. points.

Sur une feuille, tu peux dessiner la cible avec les flèches plantées au bon endroit.

Corrigés p. 128

# 11 Les nombres au-delà de 100

**JE COMPRENDS**

Dans le chapitre 6 (p. 16-17), tu as vu que pour comprendre ce que vaut un chiffre dans un nombre, il fallait regarder la place qu'il occupe.

Dans 35, le chiffre **3** vaut **3 dizaines** et **5** est le chiffre des **unités**.
35 c'est aussi 35 unités. 35 = 30 + 5

| dizaines | unités |
|---|---|
| 3 | 5 |

Dans 354, le chiffre **3** vaut **3 centaines**, le chiffre **5** vaut **5 dizaines** et **4** est le chiffre des **unités**.

| centaines | dizaines | unités |
|---|---|---|
| 3 | 5 | 4 |

354 c'est aussi 354 unités.
354 = 300 + 50 + 4

**CONSEILS PARENTS**

*Faites remarquer à votre enfant que lorsqu'il entend par exemple « trois-cent-quatre », trois indique le chiffre des centaines et quatre celui des unités. Il faut donc écrire 0 pour les dizaines.*

## Exercices

**★ 1** **Demande à quelqu'un de plus grand que toi de te dicter 10 nombres compris entre 100 et 999. Écris-les en chiffres.**

.......................................................................................................................

.......................................................................................................................

□ □ □

**★★ 2** **Complète les bandes numériques.**

| 108 | 109 |  |  |  |  | 114 |  |  |  | 118 |  |  |  |
|---|---|---|---|---|---|---|---|---|---|---|---|---|---|

| 370 | 371 |  |  |  |  |  |  | 378 |  |  |  |  |  |
|---|---|---|---|---|---|---|---|---|---|---|---|---|---|

| 678 | 679 |  |  |  |  |  | 685 |  |  |  |  |  |  |
|---|---|---|---|---|---|---|---|---|---|---|---|---|---|

| 904 |  |  |  | 908 |  |  |  |  |  | 914 |  |  |  |
|---|---|---|---|---|---|---|---|---|---|---|---|---|---|

Pour chaque série, les nombres vont de 1 en 1.

□ □ □

**★★ 3** **Écris les nombres en chiffres.**

cent trente-huit : ..............

sept cent cinquante-trois : ..............

trois cent soixante-quinze : ..............

cent quatre-vingt-douze : ..............

deux cent vingt-neuf : ..............

quatre cents : ..............

deux cent huit : ..............

trois cent quatre : ..............

□ □ □

**4** **Écris ces nombres du plus petit au plus grand.**

547 – 189 – 657 – 325 – 742 – 45 – 845 – 905 – 54 – 780

........ – ........ – ........ – ........ – ........ – ........ – ........ – ........ – ........ – ........

**5** **Décompose.**

**Exemple : 248 = 200 + 40 + 8.**

654 = ........................................ 112 = ........................................

548 = ........................................ 920 = ........................................

208 = ........................................ 444 = ........................................

**6** **Écris le nombre qui correspond.**

1 centaine, 4 dizaines et 7 unités : ........ 4 centaines et 5 unités : ........

5 centaines, 5 dizaines et 5 unités : ........ 8 centaines, 1 dizaine : ........

## Problèmes

**7** **Maman a acheté 4 boîtes de céréales. Numérote ces paquets du moins lourd au plus lourd.**

**8** **En utilisant seulement une fois les chiffres 4, 2, 7, écris le plus grand nombre de trois chiffres puis le plus petit nombre de trois chiffres.**

Le plus grand : ................................ Le plus petit : ................................

## À toi de jouer !

Je suis plus petit que 120.
Je suis plus grand que 100.
Mes trois chiffres sont les mêmes.

**Je suis** ....................

Je suis plus petit que 600.
Je suis plus grand que 400.
Mes trois chiffres sont les mêmes.
Je suis un nombre pair.

**Je suis** ....................

Après avoir trouvé une réponse, vérifie que toutes les conditions sont bien respectées.

Corrigés p. 128

# 12 Compter et décompter de 5 en 5, de 10 en 10 et de 100 en 100

**JE COMPRENDS**

- Quand tu comptes ou décomptes de 10 en 10, tu changes le chiffre des **dizaines** et parfois aussi celui des **centaines**..., **jamais celui des unités**.
- Quand tu comptes ou décomptes de 100 en 100, tu changes le chiffre des **centaines**..., **jamais les chiffres des dizaines et des unités**.

**CONSEILS PARENTS**
*Encouragez votre enfant à vérifier ses réponses avec une calculatrice.*

## Exercices

**★ 1 Continue chaque ligne en comptant de 5 en 5.**

| 0 | 5 | | | | | | |
|---|---|---|---|---|---|---|---|
| 50 | 55 | | | | | | |
| 47 | 52 | | | | | | |

**★★ 2 Continue chaque ligne en comptant de 5 en 5. Attention, il faut reculer !**

| 35 | 30 | | | | | | |
|---|---|---|---|---|---|---|---|
| 95 | 90 | | | | | | |

**★ 3 Continue chaque ligne en comptant de 10 en 10.**

| 0 | 10 | | | | | | |
|---|---|---|---|---|---|---|---|
| 50 | 60 | | | | | | |
| 12 | 22 | | | | | | |

Lorsqu'on compte de 10 en 10, le chiffre des unités reste toujours le même.

**★★ 4 Continue chaque ligne en comptant de 10 en 10. Attention, il faut reculer !**

| 100 | 90 | | | | | | |
|---|---|---|---|---|---|---|---|
| 98 | 88 | | | | | | |

**★ 5 Continue chaque ligne en comptant de 100 en 100.**

| 0 | 100 | | | | | | |
|---|---|---|---|---|---|---|---|
| 150 | 250 | | | | | | |
| 259 | 359 | | | | | | |

Lorsqu'on compte de 100 en 100, le chiffre des unités et celui des dizaines restent toujours les mêmes.

**★★ 6 Continue chaque ligne en comptant de 100 en 100. Attention, il faut reculer !**

| 900 | 800 | | | | | | |
|---|---|---|---|---|---|---|---|
| 830 | 730 | | | | | | |

## Problèmes

**7** La petite sœur de Baptiste a déchiré la feuille d'exercices de son frère.
**Retrouve à quelle question correspond chaque bout de papier puis aide Baptiste à refaire son exercice.**

**Question n°1** – Compte de 5 en 5.
**Question n°2** – Compte de 10 en 10.
**Question n°3** – Compte de 100 en 100.

**Question n°** .............

| | | | | | | | |
|---|---|---|---|---|---|---|---|
| | | 440 | 540 | 640 | | | |

**Question n°** .............

| | | | | | | | |
|---|---|---|---|---|---|---|---|
| | | 50 | 55 | 60 | | | |

**Question n°** .............

| | | | | | | | |
|---|---|---|---|---|---|---|---|
| | | 40 | 50 | 60 | | | |

**8** Suzie s'amuse à compter de 5 en 5, de 10 en 10 puis de 100 en 100.
Mais à chaque fois elle oublie un nombre. **Retrouve lequel.**

0 – 5 – 10 – 15 – 20 – 25 – 35 – 40 – 45 – 50 Nombre manquant : .........

0 10 – 20 – 30 – 40 – 50 – 60 – 70 – 90 – 100 Nombre manquant : .........

0 – 100 – 200 – 300 – 400 – 500 – 600 – 800 – 900 Nombre manquant : .........

## À toi de jouer !

**Lis cette petite poésie. 3 mots ont été effacés, retrouve-les !**

*Le temps des animaux*

Cinq, dix, quinze, ............. imposants éléphants
S'étirent lentement
Au soleil levant.

Dix, vingt, trente, quarante, ............. minuscules fourmis
Courent avec énergie
Sous le soleil de midi.

Le temps passant, d'autres animaux sont plus de cent, deux cents et même .............
À s'endormir tranquillement
Sous le soleil couchant.

Corrigés p. 129

.... .... ....

# 13 Doubles et moitiés de nombres inférieurs à 100

**JE COMPRENDS**

Pour trouver le double d'un nombre, on l'ajoute à lui-même.

5 + 5 = 10 **10 est le double de 5.**

Pour trouver une moitié, on « coupe » une quantité en 2 parties égales.

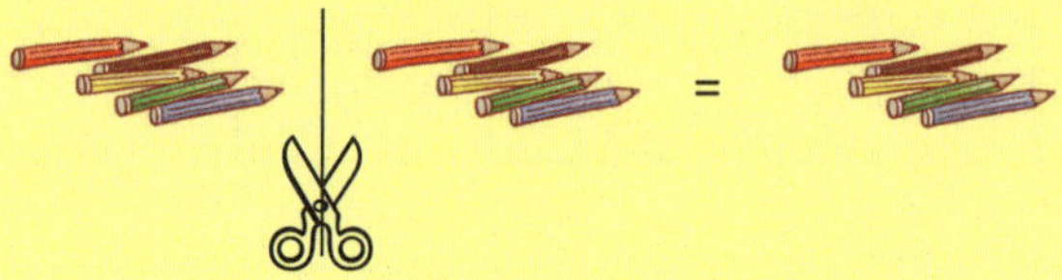

La moitié de 10 = 5 **5 est la moitié de 10.**

**CONSEILS PARENTS**

*Si vous constatez que votre enfant a des difficultés, n'hésitez pas à utiliser avec lui des objets ou des dessins pour bien l'aider à comprendre ce que sont les notions de double et de moitié.*

## Exercices

**1** **Complète les phrases.**

Si on double cette pile de livres, il y aura ......... livres.

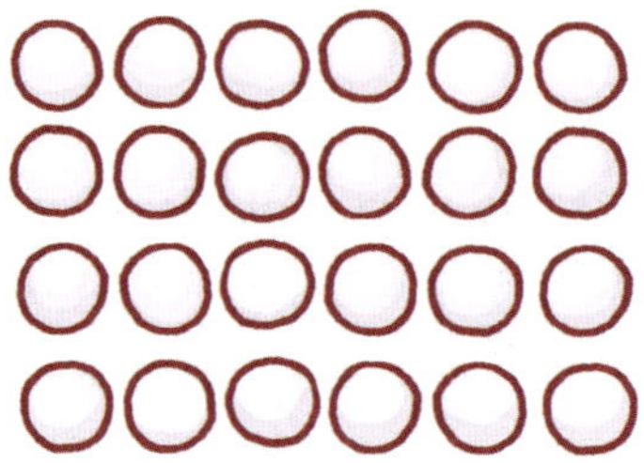

Si on double ce tas de balles de ping-pong, il y aura ......... balles.

**2** **Complète les phrases.**

Si on mange au goûter la moitié de ces gâteaux, on mangera ......... gâteaux.

Si on partage ce lot de cartes en deux, on aura 2 lots de ......... cartes.

Tu peux d'abord tracer un trait pour partager chaque lot en deux. Tu peux aussi répondre en faisant un calcul.

**3** **Complète.**

Le double de 11 est ..............

Le double de 12 est ..............

Le double de 20 est ..............

Le double de 25 est ..............

Le double de 50 est ..............

Le double de 30 est ..............

Le double de 80 est ..............

Le double de 100 est ..............

La moitié de 8 est ..............

La moitié de 12 est ..............

La moitié de 20 est ..............

La moitié de 28 est ..............

La moitié de 40 est ..............

La moitié de 100 est ..............

La moitié de 120 est ..............

La moitié de 200 est ..............

Tu peux vérifier tes réponses en utilisant une calculatrice.

## Problèmes

**4** Chloé a 15 bracelets. Emma en a le double.
**Combien de bracelets a Emma ?**

*Phrase réponse :* Emma a .............. bracelets.

**5** Gaëtan a 30 feutres. Il en donne la moitié à son petit frère.
**Combien lui en donne-t-il ?**

*Phrase réponse :* Il donne .............. feutres à son petit frère.

## À toi de jouer !

Colorie en jaune les cases qui donnent un résultat se terminant par 0 et en vert toutes les autres cases.

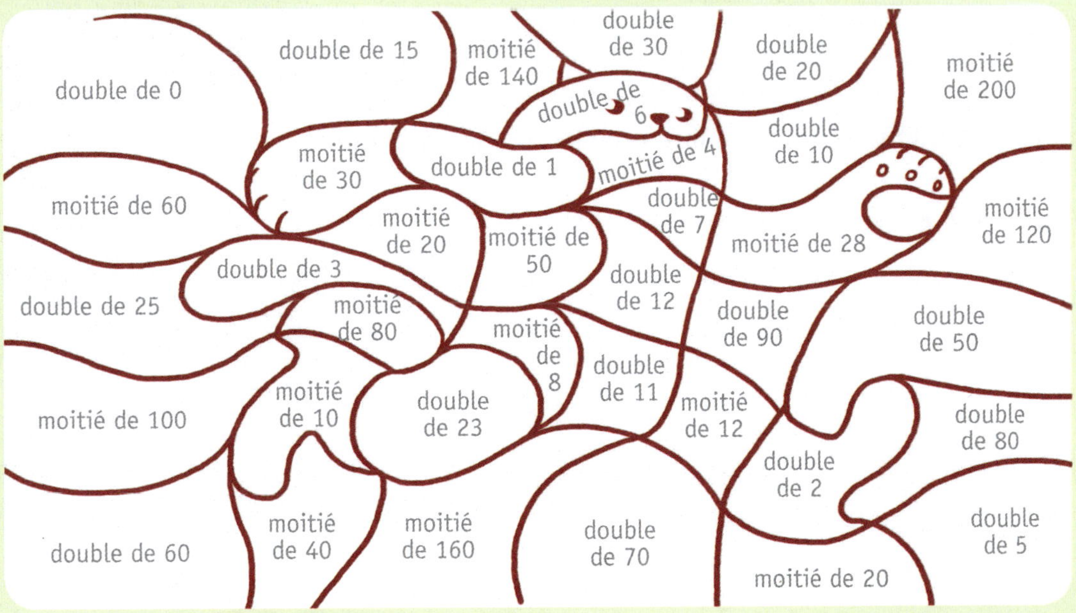


Corrigés p. 129

# 14 Ajouter deux nombres à deux chiffres

**JE COMPRENDS**

- Pour calculer la somme de deux nombres à deux chiffres, on peut **décomposer les deux nombres en dizaines et unités**.
**24 + 32 = 20 + 4 + 30 + 2 = 20 + 30 + 4 + 2 = 50 + 6 = 56**

- Pour calculer la somme de deux nombres à deux chiffres, on peut **décomposer un des deux nombres en dizaines et unités**, puis additionner les dizaines, puis les unités à l'autre nombre.
**24 + 32 = 24 + 30 + 2 = 54 + 2 = 56**
Tu aurais pu aussi partir de 32 et ajouter d'abord 20, puis 4.

- Pour additionner deux nombres à deux chiffres, on peut aussi passer à la **dizaine supérieure**.
**24 + 32 = 30 + 32 - 6 = 62 - 6 = 56**

**CONSEILS PARENTS**

*Dites à votre enfant que, pour les calculs à effectuer dans les exercices, il faut d'abord réfléchir. Il n'est donc pas obligé de répondre très vite mais il ne doit pas poser les opérations par écrit, sauf éventuellement pour vérifier ses réponses.*

## Exercices

★ **1** **Chaque calcul contient une ou plusieurs erreurs. Barre-les puis corrige-les en dessous.**

**Exemple : 34 + 45 = 30 + 40 + 4 + 5 = 70 + ~~8~~ = 7~~8~~**
**34 + 45 = 30 + 40 + 4 + 5 = 70 + 9 = 79**

54 + 42 = 50 + 40 + 4 + 3 = 90 + 7 = 97

.....................................................................................................

68 + 11 = 50 + 10 + 8 + 1 = 70 + 9 = 79

.....................................................................................................

28 + 32 = 20 + 30 + 7 + 2 = 50 + 9 = 59

.....................................................................................................

★★ **2** **Calcule ces additions en décomposant le nombre écrit en rouge en dizaines et en unités.**

**Exemple : 57 + 24 = 50 + 7 + 24 = 50 + 31 = 81**

47 + 32 = ..........................................................................................

68 + 11 = ..........................................................................................

38 + 12 = ..........................................................................................

55 + 15 = ..........................................................................................

35 + 35 = ..........................................................................................

34 + 43 = ..........................................................................................

Observe bien l'exemple puis utilise la même méthode pour les calculs suivants.

**3** **En utilisant la méthode de ton choix, calcule :**

34 + 52 = ........................................

45 + 15 = ........................................

57 + 23 = ........................................

**4** **Retrouve le bon calcul.**

55 + 12 =

- 60 + 12 – 5 = 67
- 50 + 12 – 5 = 67
- 60 + 12 = 67

62 + 26 =

- 60 + 26 – 2 = 88
- 70 + 26 – 7 = 88
- 70 + 26 – 8 = 88

## Problèmes

**5** Je pense à deux nombres qui se suivent. Je les additionne et je trouve 29.

**Quels sont ces deux nombres ?** *Réponse :* .............. + .............. = 29

Je pense à deux nombres qui se suivent. Je les additionne et je trouve 65.

**Quels sont ces deux nombres ?** *Réponse :* .............. + .............. = 65

N'hésite pas à essayer plusieurs nombres. Tu n'es pas obligé de trouver dès le premier essai !

**6** **Combien y a-t-il de gâteaux au total dans ces deux paquets ?**

*Réponse :* ........................................

## À toi de jouer !

8 additions de deux nombres et leur résultat sont cachés dans des lignes ou des colonnes de ce tableau. **Retrouve-les, entoure-les et écris les signes + et = comme dans l'exemple.**

| 24 | + 12 | = 36 | 54 | 60 |
|---|---|---|---|---|
| 45 | 28 | 27 | 32 | 20 |
| 87 | 12 | 99 | 23 | 80 |
| 15 | 40 | 10 | 55 | 52 |
| 25 | 57 | 40 | 11 | 23 |
| 40 | 34 | 50 | 84 | 75 |

Corrigés p. 129

.... .... ....

## Le nénuphar fleuri

**Nombre de joueurs** : 2.

**Matériel :** un petit pion pour représenter la grenouille.

**But du jeu** : amener la grenouille sur le dernier nénuphar (celui qui est fleuri).

**Déroulement du jeu** :
- Au départ, le pion est sur le dessin de la grenouille.
- À tour de rôle, chaque joueur déplace le pion de 1, 2, 3 ou 4 nénuphars.
- Le joueur qui pose le pion sur le nénuphar fleuri a gagné. Attention, si le pion va plus loin que le nénuphar fleuri, c'est l'autre joueur qui gagne !

## La course à 40

**Nombre de joueurs** : 2.

**Matériel** :
- un stylo bleu pour le 1er joueur et un stylo rouge pour le 2e joueur.
- une feuille de papier.

**But du jeu** : être le premier à écrire le nombre 40.

**Déroulement du jeu :**
- Le premier joueur écrit un nombre : soit 1, soit 2, soit 3, soit 4, soit 5.
- Ensuite, à tour de rôle, chaque joueur écrit un autre nombre en ajoutant 1, 2, 3, 4 ou 5 au nombre précédent.
- Le joueur qui écrit 40 en premier a gagné.

**Exemple de début de partie :**

2 6 7 9 12 …

+ 4 + 1 + 2 + 3

# Sommaire CE2

Reporte la date à laquelle tu as fini chaque chapitre et coche la case qui correspond à ton résultat.

# 1 Additions et soustractions simples

**JE COMPRENDS**

Pour **additionner** ou **soustraire** deux nombres, tu peux calculer de plusieurs façons, en décomposant les nombres, mentalement.
Pour les additions, tu peux te reporter au conseil du chapitre 14 du CE1 (p. 32).
Pour les soustractions, c'est facile lorsqu'il n'y a pas de retenue :
**165 - 52**

- Tu peux calculer **160 - 50 = 110** et **5 - 2 = 3**, puis calculer **110 + 3 = 113**
- Tu peux calculer **165 - 50 = 115**, puis **115 - 2 = 113**

**CONSEILS PARENTS**

*Après qu'il ait répondu, donnez une calculatrice à votre enfant pour qu'il vérifie lui-même ses réponses.*

## Exercices

**1** ★ **Effectue ces additions.**

15 + 62 = ..............  37 + 32 = ..............  54 + 84 = ..............
38 + 12 = ..............  64 + 53 = ..............  83 + 28 = ..............
35 + 63 = ..............  53 + 72 = ..............  91 + 46 = ..............
17 + 83 = ..............  49 + 49 = ..............  55 + 76 = ..............

☐ ☐ ☐

**2** ★ **Effectue ces soustractions.**

45 − 23 = ..............  67 − 62 = ..............  68 − 3 = ..............
68 − 40 = ..............  84 − 52 = ..............  73 − 20 = ..............
89 − 17 = ..............  59 − 43 = ..............  175 − 72 = ..............
270 − 70 = ..............  383 − 62 = ..............  498 − 276 = ..............

☐ ☐ ☐

**3** ★★★ **En additionnant les nombres de deux cases situées l'une à côté de l'autre, on obtient le nombre de la case située en dessous.**
**Complète les cases.**

Pyramide 1 :
12 | 11 | 21 | 11
23 | … | 32
… | …
…

Pyramide 2 :
… | 11 | 11 | …
21 | … | 24
… | …
…

☐ ☐ ☐

## Problèmes

**4** Paulette a deux enfants. Un fils de 32 ans et une fille de 36 ans.
Si tu additionnes l'âge des enfants de Paulette, tu trouves son âge.
**Quel âge a-t-elle ?**

*Phrase réponse* : Paulette a .............. ans.

☐ ☐ ☐

**5** La famille Poupa part en vacances. Pour arriver sur leur lieu de vacances, ils doivent parcourir 379 km. Après avoir roulé pendant 147 km, la famille s'arrête pour se reposer et prendre une boisson.
**Combien de kilomètres doivent-ils encore parcourir pour arriver sur leur lieu de vacances ?**

*Phrase réponse* : Pour arriver sur leur lieu de vacances, ils doivent encore parcourir .............. km.

☐ ☐ ☐

## À toi de jouer !

Tous les résultats de ces opérations sont inscrits dans les bulles, sauf un.
C'est le nombre mystérieux. **À toi de le retrouver et de l'écrire dans la bulle vide !**

38 + 59 =

31 + 18 =

49 − 17 =

189 − 33 =

247 + 11 =

324 + 132 =

578 + 21 =

49 456 97 599 156 258 ..........

Corrigés p. 130

.... .... ....

# 2 Doubles et moitiés de nombres jusqu'à 1 000

**JE COMPRENDS**

▸ Pour trouver **le double** d'un nombre, tu peux décomposer ce nombre en centaines, dizaines et unités puis les additionner.

**34 + 34 = 30 + 4 + 30 + 4 = 30 + 30 + 4 + 4 = 60 + 8 = 68**

**126 + 126 = 100 + 20 + 6 + 100 + 20 + 6**

**= 100 + 100 + 20 + 20 + 6 + 6 = 200 + 40 + 12 = 252**

▸ Pour trouver **la moitié** d'un nombre, tu peux d'abord chercher la moitié de ses centaines, dizaines et unités puis les additionner.

Pour trouver la moitié de 56, je cherche la moitié de 50 (c'est 25) et la moitié de 6 (c'est 3) puis je les additionne : **25 + 3 = 28**

Pour trouver la moitié de 168, je cherche la moitié de 100 (c'est 50), la moitié de 60 (c'est 30) et la moitié de 8 (c'est 4), puis je les additionne :

**50 + 30 + 4 = 84**

*(voir aussi p. 30)*

**CONSEILS PARENTS**

*Avant que votre enfant ne commence les exercices et les problèmes de cette page, assurez-vous qu'il a bien compris les notions de moitié et de double. Comme indiqué dans l'encadré, la page 30 peut vous aider à lui expliquer.*

## Exercices

**★ 1** **Complète chaque bulle avec le double de la bulle précédente.**

4 — 8 — ... — ... — ... — ... — ...

☐☐☐

**★ 2** **Trouve les doubles des nombres suivants.**

Le double de 35 est ........................ Le double de 54 est ........................

Le double de 75 est ........................ Le double de 123 est ......................

Le double de 253 est ...................... Le double de 261 est ......................

☐☐☐

**★★ 3** Le papi de Benjamin a écrit un message à son petit-fils pour lui expliquer comment trouver les moitiés de 58 et 264. Mais la pluie a effacé quelques mots. **Retrouve-les.**

- Pour trouver la moitié de 58, je cherche déjà la moitié de 50. C'est ........ Ensuite je cherche la moitié de ........, c'est 4. J'additionne alors ........ et ........
Et je trouve 29. C'est la .............. de 58.
- Pour trouver la moitié de 264, je cherche déjà la moitié de ........ c'est 100. Ensuite je cherche la moitié de 60, c'est ........ Et enfin la moitié de ........ c'est 2.
J'additionne alors ........, ........ et ........ et je trouve ........ C'est la moitié de 264.

☐☐☐

Lorsque tu auras complété tout le message, relis-le pour corriger d'éventuelles erreurs.

**4** **Trouve les moitiés des nombres suivants.**

La moitié de 48 est ......................

La moitié de 70 est ......................

La moitié de 92 est ......................

La moitié de 124 est ......................

La moitié de 264 est ......................

La moitié de 418 est ......................

## Problèmes

**5** Damien dit : « j'avance de 100 en 100 en partant de 35 ».
Théo dit : « je pars de 35 et je double ce nombre, puis je continue à doubler chaque résultat ».
**Qui dépassera 550 en faisant le moins de calculs ?**

Damien : 35 – ......................................................................

Théo : 35 – ......................................................................

Complète d'abord les nombres de Damien, puis ceux de Théo, et cherche combien chacun a fait de calculs pour dépasser 550.

**6** Laure lit un livre de 250 pages. Elle en a lu la moitié.
Combien de pages lui reste-t-il à lire ?

*Phrase réponse* : Il lui reste ............ pages à lire.

## À toi de jouer !

Le sorcier Grandmoitier a fabriqué une machine qui réduit tous les nombres de moitié. Pour embêter la sorcière Régalita, il a passé sa recette préférée de gâteau au chocolat dans sa machine. Depuis, la sorcière rate tous ses gâteaux ! Comme elle n'est pas très douée en calcul mental, impossible pour elle de trouver une solution. Peux-tu l'aider ? Pour cela, il faut doubler tous les nombres de la recette, même le nombre de personnes !

| **Ingrédients pour 3 personnes** | | **Ingrédients pour ........ personnes** |
|---|---|---|
| 100 g de chocolat noir | | ............... de chocolat noir |
| 2 œufs entiers | | ............... œufs entiers |
| 40 g de farine | → | ............... de farine |
| 75 g de sucre en poudre | | ............... de sucre en poudre |
| 75 g de beurre | | ............... de beurre |

**La recette du gâteau au chocolat de la sorcière Régalita**

1. Préchauffez votre four à 90°C (thermostat 3) pendant une dizaine de minutes.
2. Chemisez, c'est-à-dire beurrez et farinez votre moule.
3. Dans un récipient ou un saladier, mélangez les œufs, le sucre et incorporez progressivement la farine jusqu'à obtention d'un mélange homogène.
4. Coupez le chocolat en petits carrés et mettez-le à feu très doux dans une casserole avec deux cuillères à soupe d'eau. Ajoutez ensuite le beurre et mélangez bien.
5. Versez le chocolat liquide dans le récipient de départ et mélangez pour que la pâte soit colorée et uniforme.
6. Mettez le tout dans le moule et faites cuire environ 10 minutes. Testez la cuisson en piquant la pâte avec la lame d'un couteau : elle doit ressortir sèche.

Corrigés p. 130

.... .... ....

# 3 Trouver le complément d'un nombre à une dizaine supérieure

**JE COMPRENDS**

Pour trouver le complément de **44 à 50**, tu peux te servir du complément de **4 à 10**.

**Le complément de 44 à 50 est 6.**

Pour trouver le complément de 44 à 80, tu peux chercher le complément de **44 à 50** (c'est 6), puis celui de **50 à 80** (c'est 30). Donc le complément de 44 à 80 est égal à **6 + 30**, c'est donc **36**.

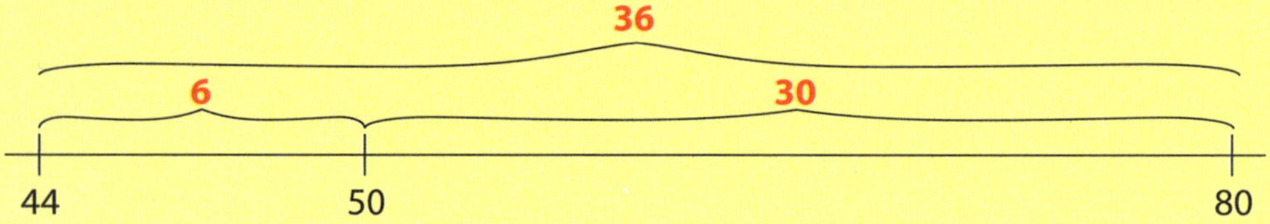


**CONSEILS PARENTS**

*Pour l'exercice 2, vous pouvez aider votre enfant en lui demandant de trouver d'abord la dizaine qui vient juste après chaque nombre de départ.*

## Exercices

**★ 1 Écris le nombre à ajouter pour obtenir la dizaine supérieure à chaque nombre.**

Combien faut-il ajouter à 12 pour obtenir 20 : ..................................................

Combien faut-il ajouter à 55 pour obtenir 60 : ..................................................

Combien faut-il ajouter à 72 pour obtenir 80 : ..................................................

Combien faut-il ajouter à 63 pour obtenir 70 : ..................................................

Combien faut-il ajouter à 123 pour obtenir 130 : ..............................................

Combien faut-il ajouter à 531 pour obtenir 540 : ..............................................

☐ ☐ ☐

**★★ 2 Complète.** **Exemple : pour aller de 34 à 60, je vais de 34 à 40 puis de 40 à 60, j'ai avancé de 26.**

Pour aller de 28 à 50, je vais de 28 à ....... puis de ....... à ......., j'ai avancé de .......

Pour aller de 65 à 80, je vais de 65 à ....... puis de ....... à ......., j'ai avancé de .......

Pour aller de 77 à 90, je vais de 77 à ....... puis de ....... à ......., j'ai avancé de .......

Pour aller de 47 à 90, je vais de 47 à ....... puis de ....... à ......., j'ai avancé de .......

Pour aller de 132 à 200, je vais de 132 à ....... puis de ....... à ......., j'ai avancé de .......

☐ ☐ ☐

Tu peux t'aider en traçant une ligne numérique, comme dans l'encadré jaune ci-dessus.

**3** **Trouve le complément.**

65 + ............... = 90

68 + ............... = 100

603 + ............... = 680

34 + ............... = 50

328 + ............... = 390

491 + ............... = 500

## Problèmes

**4** Flavie a déjà une importante collection de fèves : elle en possède 54.
Elle voudrait en avoir 100.
**Combien lui en manque-t-il ?**

*Phrase réponse* : Il manque à Flavie ..................... fèves.

Vérifie les réponses des problèmes avec une calculatrice.

**5** Jean arrive au cinéma. La salle contient 80 places. 52 personnes sont déjà installées.
**Lorsque Jean sera assis, combien de places libres restera-t-il ?**

*Phrase réponse* : Il restera .....................places libres.

**6** **Charlemagne est né en 742. Il a été couronné empereur d'Occident en l'an 800. À quel âge est-il devenu empereur ?**

*Phrase réponse* : Il est devenu empereur à l'âge de ..................... ans.

## À toi de jouer !

Dans une course-relais, chacun des animaux ci-dessous fait 3 sauts. Ainsi, la sauterelle bondit de 4 mètres et la grenouille de 15 mètres. **Mais quelles distances ont été parcourues par le kangourou et par l'antilope ?** À toi de les trouver et de les marquer sur le dessin.

**Départ** — **Arrivée**

0 mètre → 4 mètres → 40 mètres → 55 mètres → 100 mètres

4 mètres ....... mètres 15 mètres ....... mètres

Le kangourou saute de 4 à 40 mètres et l'antilope de 55 à 100 mètres.

Corrigés p. 130

.... .... ....

# 4 Ajouter ou soustraire 9, 11, 19 et 21

**JE COMPRENDS**

- **Pour ajouter 9 ou 11 à un nombre,** tu peux d'abord ajouter 10 puis ajouter ou enlever 1.

**35 + 9 = 35 + 10 – 1 = 45 – 1 = 44**
**35 + 11 = 35 + 10 + 1 = 45 + 1 = 46**
Pour 30 + 9, tu peux répondre directement 39.

- **Pour ajouter 19 et 21 à un nombre,** tu peux utiliser les mêmes méthodes.

**35 + 19 = 35 + 20 – 1 = 55 – 1 = 54**
**35 + 21 = 35 + 20 + 1 = 55 + 1 = 56**

- **Pour soustraire 11 à un nombre,** tu peux enlever d'abord 10 puis enlever encore 1.

**37 – 11 = 37 – 10 – 1 = 27 – 1 = 26**

- **Pour soustraire 9 à un nombre,** tu peux d'abord enlever 10 puis ajouter 1.

**54 – 9 = 54 – 10 + 1 = 44 + 1 = 45**
Pour 50 – 9, tu peux répondre directement 41.

- **Pour soustraire 19 et 21 à un nombre,** tu peux utiliser les mêmes méthodes.

**37 – 19 = 37 – 20 + 1 = 17 + 1 = 18**
**54 – 21 = 54 – 20 – 1 = 34 – 1 = 33**

**CONSEILS PARENTS**
*Pour chaque exercice, vous pouvez aider votre enfant à trouver dans l'encadré jaune ci-contre la méthode qui correspond aux calculs proposés.*

## Exercices

**★ 1 Ajoute 9 ou 19.**

36 + 9 = ..................................... 18 + 9 = .....................................

137 + 9 = ..................................... 49 + 19 = .....................................

68 + 19 = ..................................... 184 + 19 = .....................................

☐ ☐ ☐

**★ 2 Ajoute 11 ou 21.**

34 + 11 = ..................................... 61 + 11 = .....................................

87 + 11 = ..................................... 21 + 21 = .....................................

38 + 21 = ..................................... 138 + 11 = .....................................

☐ ☐ ☐

**★★ 3 Soustrais 9 ou 19.**

75 – 9 = ..................................... 68 – 9 = .....................................

134 – 9 = ..................................... 168 – 19 = .....................................

68 – 19 = ..................................... 178 – 19 = .....................................

☐ ☐ ☐

Utilise les méthodes données dans l'encadré jaune ci-dessus pour répondre aux exercices 1 à 4.

**4** **Soustrais 11 ou 21.**

27 – 11 = ..................................

149 – 11 = ..................................

64 – 21 = ..................................

38 – 11 = ..................................

81 – 21 = ..................................

186 – 21 = ..................................

## Problèmes

**5** Dans le jardin de Lucette, on peut admirer 37 tulipes rouges et 19 tulipes jaunes.
**Combien de tulipes y a-t-il dans le jardin de Lucette ?**

*Phrase réponse* : Dans le jardin de Lucette, il y a ........... tulipes.

Lucette cueille 11 tulipes rouges. **Combien en reste-t-il ?**

*Phrase réponse* : Il reste ........... tulipes rouges.

**Combien reste-t-il de tulipes en tout ?**

*Phrase réponse* : Il reste ........... tulipes.

**6** Dans un autobus, 19 personnes sont montées au départ. Au premier arrêt, 21 personnes sont montées, aucune n'est descendue. Au deuxième arrêt, 9 personnes sont descendues et aucune n'est montée. Au troisième arrêt, 11 personnes sont descendues et aucune n'est montée.
**Après le troisième arrêt, combien y a-t-il de personnes dans l'autobus ?**

*Phrase réponse* : Après le troisième arrêt, il y a ........ personnes dans l'autobus.

## À toi de jouer !

Complète chaque bulle pour que la somme ou la différence des nombres écrits sur les côtés soit la même. On trouve le résultat sur les sommets.

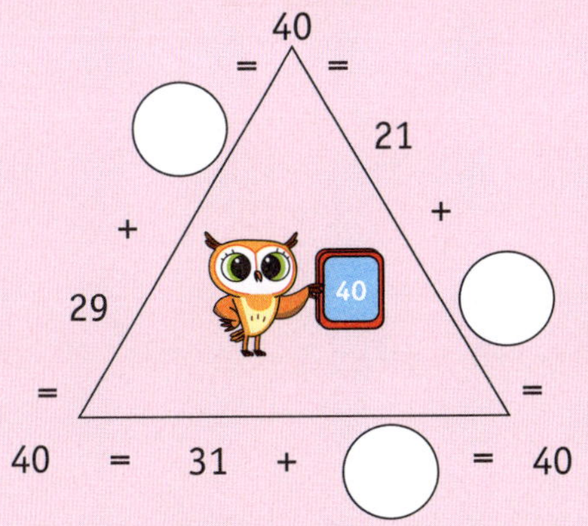


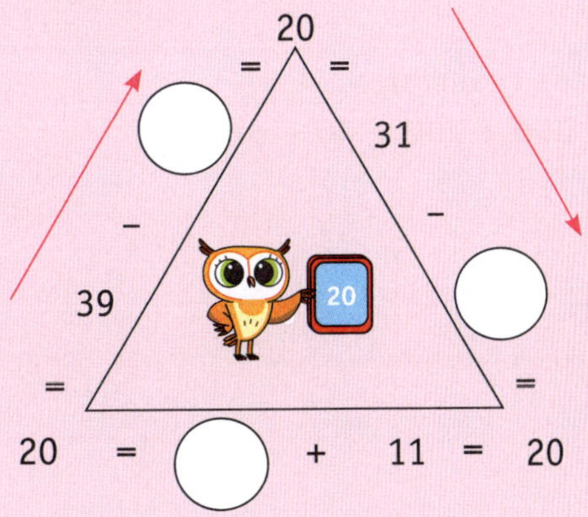

Pour le jeu de droite, sers-toi bien des flèches pour savoir quel calcul tu dois effectuer, et dans quel ordre.

Corrigés p. 130-131

# 5 Les nombres au-delà de 1 000

**JE COMPRENDS**

Dans 3 542, le chiffre 3 vaut 3 unités de mille, le chiffre 5 vaut 5 centaines, le chiffre 4 vaut 4 dizaines et le chiffre 2 est celui des unités.

3 542 c'est aussi 3 542 unités.
**3 542 = 3 unités de mille + 5 centaines + 4 dizaines + 2 unités**
**= (3 × 1 000) + (5 × 100) + (4 × 10) + 2**
**= 3 000 + 500 + 40 + 2**

| Classe des mille | | | Classe des unités simples | | |
|---|---|---|---|---|---|
| c | d | u | c | d | u |
| | | 3 | 5 | 4 | 2 |
| | 2 | 3 | 5 | 4 | 2 |

23 542 c'est aussi 23 542 unités.
**23 542 = 2 dizaines de mille + 3 unités de mille + 5 centaines + 4 dizaines + 2 unités**
**= (2 × 10 000) + (3 × 1 000) + (5 × 100) + (4 × 10) + 2**
**= 20 000 + 3 000 + 500 + 40 + 2**

**CONSEILS PARENTS**

*Vous pouvez attirer l'attention de votre enfant sur le fait que lorsqu'il entend « mille » pour un nombre, celui-ci s'écrit avec au moins 4 chiffres. Et n'oubliez pas aussi de vérifier que votre enfant sépare bien la classe des mille de celle des unités simples par un espace.*

## Exercices

★ **1** **Demande à quelqu'un de plus grand que toi de te dicter 10 nombres plus grands que 1 000 mais plus petits que 999 999. Écris-les en chiffres.**

......................................................................

......................................................................

☐ ☐ ☐

★★ **2** **Écris le nombre correspondant.**
**Exemple : 3 dizaines et 5 unités = 35**

3 unités de mille, 1 centaine, 4 dizaines et 7 unités : ..........................

4 dizaines de mille, 4 centaines et 5 unités : ..........................

2 centaines de mille, 5 centaines, 5 dizaines et 5 unités : ..........................

8 unités de mille, 8 centaines, 1 dizaine : ..........................

☐ ☐ ☐

Tu peux t'aider d'un tableau comme celui qui est dans l'encadré ci-dessus pour répondre.

★★ **3** **Décompose comme dans l'exemple.**
**Exemple : 1 248 = 1 000 + 200 + 40 + 8**

3 654 = ..........................

12 548 = ..........................

35 208 = ..........................

124 112 = ..........................

29 920 = ..........................

☐ ☐ ☐

## Problèmes

**4** Le paquebot « Vacances » peut accueillir à son bord jusqu'à 2 900 personnes, le paquebot « Mer » 4 005 personnes, le paquebot « Mouette » 3 504 personnes et le paquebot « Vague » 2 889 personnes.

**Range ces paquebots du plus gros au plus petit.**

N° 1 (celui qui peut accueillir le plus de voyageurs) : ..................................................

N° 2 : ..................................................

N° 3 : ..................................................

N° 4 : ..................................................

**5** Voici un tableau qui indique la taille (le diamètre) des 8 planètes du système solaire.

| Planète | Diamètre |
|---|---|
| Jupiter | 140 000 km |
| Mars | 6 800 km |
| Mercure | 4 880 km |
| Neptune | 48 600 km |
| Saturne | 120 600 km |
| Terre | 12 750 km |
| Uranus | 50 800 km |
| Vénus | 12 100 km |

**Quelle est la planète la plus petite ?**

..................................................

**Quelle est la planète la plus grande ?**

..................................................

Trouve d'abord le plus petit de tous les nombres puis barre-le. Cherche ensuite le plus petit de ceux qui restent, et ainsi de suite.

**Range ces planètes de la plus petite à la plus grande.**

| 1. | 2. | 3. | 4. |
|---|---|---|---|
| ........ | ........ | ........ | ........ |
| 5. | 6. | 7. | 8. |
| ........ | ........ | ........ | ........ |

## À toi de jouer !

Le coffre à trésor du pirate Carabane est fermé par deux cadenas.
Pour ouvrir chaque cadenas, il faut utiliser un code secret.
Chaque code est un nombre composé de 4 chiffres.

- Pour découvrir le premier code, il faut enlever 4 chiffres de la série ci-dessous de façon à obtenir le plus petit nombre possible.
- Pour découvrir le deuxième code, il faut enlever 4 chiffres de la série ci-dessous de façon à obtenir le plus grand nombre possible.

| 1 | 9 | 4 | 8 | 5 | 9 | 3 | 5 |
|---|---|---|---|---|---|---|---|

Le plus petit nombre :

| | | | |
|---|---|---|---|

Le plus grand nombre :

| | | | |
|---|---|---|---|

Corrigés p. 131

.... .... ....

# 6 Compter et décompter par sauts réguliers

**JE COMPRENDS**

- Quand tu comptes ou décomptes de **10 en 10**, tu changes le chiffre des dizaines et parfois aussi celui des centaines, mais jamais celui des unités.
- Quand tu comptes ou décomptes de **100 en 100**, tu changes le chiffre des centaines et parfois aussi celui des unités de mille, mais jamais les chiffres des dizaines et des unités.
- Quand tu comptes ou décomptes de **1 000 en 1 000**, tu changes le chiffre des unités de mille et parfois aussi celui des dizaines de mille, mais jamais les chiffres des centaines, des dizaines et des unités.

**CONSEILS PARENTS**

*Dans l'exercice 1, si votre enfant a des difficultés pour trouver la règle qui permet de passer d'un nombre à un autre, vous pouvez l'aider.*

## Exercices

**1** ★ **Continue les suites.**

| 135 | 145 | 155 | | | | | | | |
|---|---|---|---|---|---|---|---|---|---|
| 650 | 750 | 850 | | | | | | | |
| 1 000 | 2 000 | 3 000 | | | | | | | |
| 4 500 | 5 500 | 6 500 | | | | | | | |
| 1 040 | 1 030 | 1 020 | | | | | | | |
| 1 505 | 1 405 | 1 305 | | | | | | | |
| 18 000 | 17 000 | 16 000 | | | | | | | |

Pour chaque suite, trouve d'abord s'il faut ajouter ou soustraire. Ensuite détermine combien il faut ajouter ou soustraire à chaque fois.

**2** ★★ **Observe ces suites de nombres. Dans chacune d'elles se trouve un intrus. Entoure-le.**

82 – 92 – 102 – 112 – 122 – 132 – 142 – 150 – 152 – 162 – 172

504 – 604 – 704 – 804 – 904 – 1 004 – 1 104 – 1 120 – 1 204

5 204 – 6 204 – 7 204 – 8 204 – 9 204 – 10 004 – 10 204 – 11204

## Problèmes

3 La maîtresse compte les craies rangées dans son placard.
**Combien en a-t-elle ?**

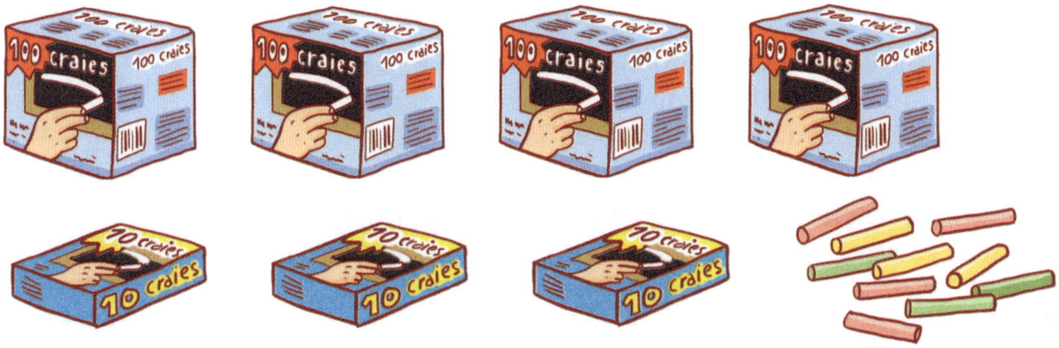

*Phrase réponse* : Dans le placard, il y a ................ craies.

☐ ☐ ☐

4 **Elle compte maintenant les trombones. Combien en a-t-elle ?**

*Phrase réponse* : La maîtresse a ................ trombones.

☐ ☐ ☐

## À toi de jouer !

Le savant Génuo a inventé 4 machines : la première ajoute 1 unité, la deuxième ajoute 1 dizaine, la troisième ajoute 1 centaine, la quatrième ajoute 1 unité de mille.

Génuo met le nombre 1 000 dans la première machine, puis le résultat obtenu dans la deuxième machine et ainsi de suite en utilisant les 4 machines.
De la première machine, sort le nombre 1 001. De la deuxième machine, sort le nombre 1 011. **Quels nombres sortent de la troisième et de la quatrième machine ?**

De la troisième machine, sort le nombre ........................

De la quatrième machine, sort le nombre ........................
Il recommence de la même façon avec trois nombres. Pour chaque nombre proposé, trouve le nombre qui sortira de la dernière machine.

| **Nombre mis dans la 1re machine** | 1 | 5 000 | 10 000 |
|---|---|---|---|
| **Nombre sorti de la 4e machine** | | | |

Fais bien attention à ce que fait chaque machine.

Corrigés p. 131

.... .... ....

# 7 Ajouter ou soustraire des multiples de 10 et de 100

JE COMPRENDS

- Un **multiple de 10** est un nombre qui se termine par zéro.
– Lorsque j'additionne ou je soustrais des multiples de 10, j'additionne ou je soustrais les chiffres des dizaines.

40 + 30 = 70 40 - 30 = 10

– Lorsque j'additionne ou je soustrais un nombre et un multiple de 10, j'additionne ou je soustrais les chiffres des dizaines et je rajoute le chiffre des unités du nombre.

48 + 30 = 78 48 - 30 = 18

- Un **multiple de 100** est un nombre qui se termine par deux zéros.
– Lorsque j'additionne ou je soustrais des multiples de 100, j'additionne ou je soustrais les chiffres des centaines.

400 + 300 = 700 400 - 300 = 100

– Lorsque j'additionne ou je soustrais un nombre et un multiple de 100, j'additionne ou je soustrais les chiffres des centaines et je rajoute le chiffre des dizaines et celui des unités du premier nombre.

448 + 300 = 748 448 - 300 = 148

**CONSEILS PARENTS**

*Pour l'exercice 3, si vous constatez que votre enfant a des difficultés pour les calculs demandés, vous pouvez l'aider en lui faisant remarquer par exemple que calculer 30 + 20 revient à additionner 3 dizaines et 2 dizaines ou que 800 – 300 revient à soustraire 3 centaines à 8 centaines.*

## Exercices

**1** ★ **Entoure les multiples de 10.**

21 – 45 – 40 – 50 – 35 – 70 – 20 – 29 – 81 – 90

☐ ☐ ☐

**2** ★ **Entoure les multiples de 100.**

200 – 4 500 – 40 – 500 – 35 – 70 – 200 – 2 009 – 810 – 900

☐ ☐ ☐

**3** ★★ **Calcule.**

40 + 10 = ......................................... 70 – 20 = .........................................

40 + 40 = ......................................... 20 + 30 = .........................................

60 – 30 = ......................................... 300 – 200 = .........................................

500 + 100 = ......................................... 800 – 300 = .........................................

50 + 20 = ......................................... 600 – 300 = .........................................

800 + 200 = ......................................... 20 + 60 = .........................................

500 + 600 = ......................................... 1 200 – 700 = .........................................

☐ ☐ ☐

**4** **Retrouve le bon résultat et colorie-le.**

| | | | | | |
|---|---|---|---|---|---|
| 54 – 20 = | 74 | 54 | 34 | 50 | 20 |
| 800 + 15 = | 805 | 915 | 815 | 15 | 810 |
| 48 + 30 = | 70 | 77 | 48 | 38 | 78 |
| 738 – 200 = | 700 | 238 | 638 | 538 | 718 |

Tu peux d'abord barrer les nombres qui te paraissent faux.

## Problèmes

**5** Un lion pèse environ 250 kg et un léopard 100 kg.
**Combien pèsent ces animaux à eux deux ?**

........................................................................................................

**Combien de kilos d'écart y a-t-il entre les deux animaux ?**

........................................................................................................

Le mot « écart » est synonyme de « différence ».

**6** Une girafe mesure environ 550 centimètres et un éléphant 300 centimètres.
**Combien de centimètres d'écart y a-t-il entre les deux ?**

........................................................................................................

**Si la girafe monte sur le dos de l'éléphant, quelle hauteur vont-ils atteindre ?**

........................................................................................................

## À toi de jouer !

Trouve le bon résultat en effectuant des additions et des soustractions avec les nombres donnés. Tu n'es pas obligé de tous les utiliser, mais tu ne peux les utiliser qu'une seule fois. Trouve chaque fois une addition et une soustraction.

| | |
|---|---|
| **500** | 100 – 700 – 200 – 400 – 300 ........................................ |
| **478** | 178 – 878 – 200 – 400 – 300 ........................................ |
| **862** | 262 – 962 – 600 – 62 – 100 ........................................ |

Corrigés p. 131-132

.... .... ....

# 8 Les tables de multiplication 2, 4, 5 et 10

**JE COMPRENDS**

Il faut t'entraîner pour connaître ces tables par cœur.

- Dans la table de **2**, tous les résultats sont des **doubles**.
- Dans la table de **4**, tous les résultats sont les **doubles des résultats de la table de 2**.
- Dans la table de **5**, tous les résultats se terminent par **0** ou par **5**.
- Dans la table de **10**, tous les résultats se terminent par **0**.

**CONSEILS PARENTS**

*Ces tables ont déjà été travaillées au CE1. Au CE2, assurez-vous que votre enfant les connaît bien avant d'en apprendre d'autres.*

## Exercices

**1** **Calcule.**

| | | |
|---|---|---|
| 5 × 2 = .......... | 10 × .......... = 40 | 4 × 7 = .......... |
| 5 × 8 = .......... | .......... × 3 = 30 | 2 × 9 = .......... |
| 4 × 8 = .......... | 5 × .......... = 25 | 10 × 5 = .......... |
| 6 × 2 = .......... | 4 × 4 = .......... | 10 × .......... = 90 |
| .......... × 7 = 28 | 5 × .......... = 35 | 10 × 10 = .......... |

**2** **Indique quelle opération permet de passer d'une case à une autre.**

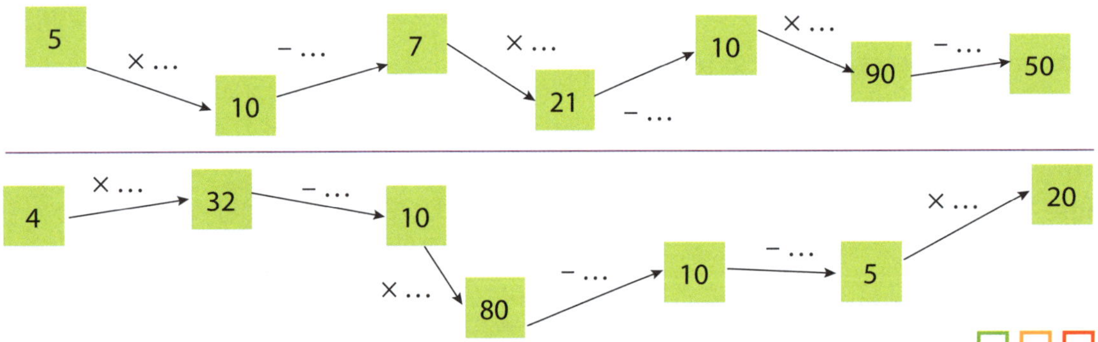


Attention aux signes d'opération. Dans cet exercice, il n'y a pas que des multiplications.

## Problèmes

**3** Capucine contemple les magnifiques jardins du château de Biquetaille.
Elle admire l'allée composée de chaque côté de 8 statues, un parterre de 9 rangées de 10 roses, 5 îlots de 6 fontaines et 4 escaliers en pierre ornés de 6 statues chacun.
**Combien Capucine a-t-elle vu de statues, de fontaines et de roses ?**

*Phrase réponse* : Capucine a vu .......... statues, .......... fontaines et .......... roses.

**4** **Combien y avait-il de carrés de chocolat dans cette tablette avant qu'elle ne soit croquée ?**

*Phrase réponse* : Il y avait .......... carrés.

**Combien de carrés ont été mangés ?**

*Phrase réponse* : .......... carrés ont été mangés.

## À toi de jouer !

**Procure-toi un chronomètre et note le temps que tu mets pour calculer toutes ces opérations. Voici la procédure à suivre :**

1. Photocopie la page ou écris les résultats au crayon à papier directement sur ce cahier sans appuyer.
2. Note le temps que tu as mis pour tout compléter : ........... secondes.
3. Demande à quelqu'un de vérifier tes résultats ou vérifie-les avec une calculatrice. Pour chaque erreur, ajoute 2 secondes au temps que tu as mis pour répondre.
4. Photocopie une nouvelle page ou efface tes résultats puis recommence une seconde fois pour essayer d'améliorer ton temps.

| | | | |
|---|---|---|---|
| 4 × 9 = ........ | 2 × 5 = ........ | 4 × 7 = ........ | 10 × 5 = ........ |
| 6 × 5 = ........ | 8 × 5 = ........ | 2 × 7 = ........ | 6 × 2 = ........ |
| 5 × 5 = ........ | 1 × 4 = ........ | 2 × 6 = ........ | 9 × 5 = ........ |
| 2 × 5 = ........ | 6 × 6 = ........ | 6 × 10 = ........ | 2 × 4 = ........ |
| 6 × 7 = ........ | 7 × 2 = ........ | 6 × 1 = ........ | 2 × 2 = ........ |
| 2 × 9 = ........ | 7 × 4 = ........ | 2 × 5 = ........ | 9 × 2 = ........ |
| 6 × 5 = ........ | 4 × 6 = ........ | 2 × 8 = ........ | 5 × 4 = ........ |
| 2 × 8 = ........ | 0 × 2 = ........ | 4 × 5 = ........ | 9 × 5 = ........ |
| 4 × 10 = ........ | 2 × 4 = ........ | 5 × 1 = ........ | 6 × 4 = ........ |
| 4 × 8 = ........ | 10 × 4 = ........ | 5 × 4 = ........ | 9 × 6 = ........ |
| 6 × 1 = ........ | 7 × 2 = ........ | 5 × 2 = ........ | 9 × 2 = ........ |
| 6 × 6 = ........ | 1 × 4 = ........ | 5 × 8 = ........ | 9 × 5 = ........ |
| 5 × 9 = ........ | 2 × 2 = ........ | 4 × 9 = ........ | 10 × 5 = ........ |
| 5 × 7 = ........ | 7 × 4 = ........ | 6 × 4 = ........ | 2 × 6 = ........ |
| 5 × 0 = ........ | 4 × 6 = ........ | 4 × 7 = ........ | 6 × 4 = ........ |
| 6 × 7 = ........ | 4 × 3 = ........ | 2 × 10 = ........ | 7 × 6 = ........ |
| 6 × 0 = ........ | 7 × 2 = ........ | 4 × 4 = ........ | 7 × 3 = ........ |

Tu dois connaître ces résultats par cœur. C'est pour cela qu'on te propose de te chronométrer et de recommencer pour améliorer ton temps.

Corrigés p. 132

.... .... ....

# 9 Les tables de multiplication 3 et 6

**JE COMPRENDS**

**Il faut t'entraîner pour connaître ces tables par cœur.**
Dans la table de **6**, tous les résultats sont les **doubles** des résultats de la table de **3**.

**CONSEILS PARENTS**
*Pour aider votre enfant, recopiez la table de multiplication de la page 144 sur une feuille. Dès que votre enfant connaît bien un résultat des tables de 3 et de 6, coloriez la case correspondante en jaune. En regardant les cases non coloriées des lignes et colonnes 3 et 6, il verra ce qu'il a encore à apprendre.*

## Exercices

★ 1 **Entoure les nombres qui sont dans la table de 3.**

18 – 15 – 34 – 24 – 26 – 12 – 30 – 6 – 9 – 54

★ 2 **Entoure les nombres qui sont dans la table de 6.**

18 – 15 – 34 – 24 – 26 – 12 – 30 – 60 – 9 – 54

★ 3 **Entoure les nombres qui sont à la fois dans la table de 3 et dans celle de 6.**

18 – 15 – 34 – 24 – 26 – 12 – 30 – 60 – 9 – 54

★★ 4 **Complète.**

| | | |
|---|---|---|
| 6 × 3 = ........ | 6 × 4 = ........ | 3 × 4 = ........ |
| ........ × 2 = 12 | 7 × 6 = ........ | 3 × ........ = 24 |
| 3 × 6 = ........ | ........ × 6 = 60 | 3 × 2 = ........ |
| 3 × ........ = 27 | 9 × 6 = ........ | ........ × 3 = 9 |
| 6 × 5 = ........ | 6 × ........ = 36 | 3 × ........ = 21 |
| ........ × 5 = 15 | 6 × 8 = ........ | 3 × 10 = ........ |

Pour les multiplications à trous, recalcule l'opération après avoir écrit ta réponse.

## Problèmes

★★ 5 Jeanne a tricoté 6 écharpes identiques. Si on les met bout à bout, leur longueur est égale à 18 mètres.
**Combien mesure chaque écharpe ?**

*Phrase réponse* : Une écharpe mesure ........... mètres.

**6** Maman achète 6 avocats (2 € l'un), 3 kilos de courgettes fleurs (4 € le kilo), 3 kilos de bananes (2 € le kilo) et 6 melons (3 € l'un).
**Quel prix devra-t-elle payer au total ?**

*Phrase réponse* : Maman devra payer ................. €.

**7** J'ai moins de 50 voitures.
Quand je range mes voitures en les groupant par 6, il reste 2 voitures.
Quand je range mes voitures en les groupant par 5, il reste aussi 2 voitures.
**Combien ai-je de voitures ?**

*Phrase réponse* : J'ai ........... voitures.

## À toi de jouer !

**Place ces expressions de façon à faire des rimes avec le nombre résultat.**

~~Je vois~~ – Le mammifère et les Andalouses – des écrevisses – sont au moins soixante-quinze ! – faire du parapente ! – qui surfent avec un bœuf ! – dans ce drôle de matin – J'aperçois ensuite – crevettes – de rosâtres.

*Dans la table de trois, je vois et j'aperçois*

| | Poème |
|---|---|
| 1 × 3 = 3, *trois rime avec l'expression :* | 1 × 3 = 3, je vois ........ |
| 2 × 3 = 6, *six rime avec l'expression :* | 2 × 3 = 6, ........ |
| 3 × 3 = 9, *neuf rime avec l'expression :* | ........ |
| 4 × 3 = 12, *douze rime avec l'expression :* | ........ |
| 5 × 3 = 15, *quinze rime avec l'expression :* | ........ |
| 6 × 3 = 18, *dix-huit rime avec l'expression :* | ........ |
| 7 × 3 = 21, *vingt et un rime avec l'expression :* | ........ |
| 8 × 3 = 24, *vingt-quatre rime avec l'expression :* | ........ |
| 9 × 3 = 27, *vingt-sept rime avec l'expression :* | ........ |
| 10 × 3 = 30, *trente rime avec l'expression :* | ........ |

Pour trouver la bonne rime, lis les expressions données à haute voix et barre-les au fur et à mesure que tu les écris.

Corrigés p. 132

# 10 Les tables de multiplication 7, 8 et 9

**JE COMPRENDS**

Il faut t'entraîner pour connaître ces tables par cœur.
Si tu connais déjà bien les tables de **2** à **6**, il te reste peu de résultats à apprendre pour les tables **7**, **8** et **9**.

**CONSEILS PARENTS**

*Faites, par exemple, remarquer à votre enfant qu'il a déjà appris 4 × 7 dans la table de 4. Cela peut l'aider à mieux mémoriser ces nouvelles tables.*
*Et n'hésitez pas à vous resservir de la table de multiplication de la page 144 que vous avez recopiée pour le chapitre 9 !*

## Exercices

★ **1** **Barre les nombres qui ne sont pas dans la table de 7.**

21 – 14 – 70 – 30 – 46 – 29 – 56 – 7 – 28 – 34

★ **2** **Barre les nombres qui ne sont pas dans la table de 8.**

64 – 42 – 8 – 16 – 40 – 70 – 80 – 16 – 31 – 56

★ **3** **Barre les nombres qui ne sont pas dans la table de 9.**

28 – 36 – 12 – 65 – 10 – 18 – 45 – 35 – 54 – 9

★★ **4** **Complète.**

| | | |
|---|---|---|
| 7 × 3 = ........ | 8 × 4 = ........ | ........ × 2 = 16 |
| 7 × 6 = ........ | 3 × 9 = ........ | ........ × 7 = 70 |
| 6 × ........ = 54 | 9 × 3 = ........ | 7 × 5 = ........ |
| 6 × ........ = 48 | ........ × 7 = 42 | 4 × 8 = ........ |

★★ **5** **Entoure les calculs qui donnent 12 pour résultat.**

| | | | | |
|---|---|---|---|---|
| 4 × 3 | 5 × 2 | 6 + 6 | 7 × 3 | 5 × 3 |
| 6 × 2 | 8 + 4 | 12 × 1 | 6 × 3 | 7 + 5 |

★★ **6** **Entoure les calculs qui donnent 24 pour résultat.**

| | | | | |
|---|---|---|---|---|
| 5 × 4 | 6 × 4 | 12 + 12 | 7 × 3 | 6 × 3 |
| 24 × 1 | 8 × 3 | 5 × 5 | 20 + 4 | 19 + 5 |

# Problèmes

**7** **Trouve les nombres mystérieux.**

- Trouve le résultat de 6 × 3. Prends sa moitié. Multiplie par 9. Ajoute 19.

→ Le nombre mystérieux est ( )

- Trouve le résultat de 7 × 3. Enlève 11. Multiplie par 10. Prends sa moitié.

→ Le nombre mystérieux est ( )

- Trouve le résultat de 4 × 4. Prends sa moitié. Multiplie par 7. Ajoute 44.

→ Le nombre mystérieux est ( )

☐ ☐ ☐

**8** Pour Noël, un pâtissier a confectionné 7 tartes, 8 gâteaux et 9 bûches.
Sur chaque pâtisserie, il a posé 4 décorations de Noël.
**Combien de décorations le pâtissier a-t-il utilisées au total ?**

*Phrase réponse* : Le pâtissier a utilisé ............ décorations.

☐ ☐ ☐

## À toi de jouer !

À chaque résultat de la table de multiplication, on associe une lettre de l'alphabet, l'apostrophe ou un signe de ponctuation.

| 1 | 2 | 3 | 4 | 5 | 6 |
|---|---|---|---|---|---|
| « | B | , | D | P | F |

| 7 | 8 | 9 | 10 | 12 | 14 |
|---|---|---|---|---|---|
| G | - | I | J | K | ' |

| 15 | 16 | 18 | 20 | 21 | 24 |
|---|---|---|---|---|---|
| : | ? | C | R | Q | E |

| 25 | 27 | 28 | 30 | 32 | 35 |
|---|---|---|---|---|---|
| S | T | U | V | W | X |

| 36 | 40 | 42 | 45 | 48 | 49 |
|---|---|---|---|---|---|
| L | . | O | ; | M | A |

| 54 | 56 | 63 | 64 | 72 | 81 |
|---|---|---|---|---|---|
| ! | N | ( | ) | H | / |

En utilisant ce tableau, déchiffre le message suivant.

| 6 × 6 | 4 × 6 |
|---|---|
| .......... | .......... |

| 6 × 3 | 7 × 7 | 9 × 4 | 2 × 9 | 7 × 4 | 4 × 9 |
|---|---|---|---|---|---|
| .......... | .......... | .......... | .......... | .......... | .......... |

| 8 × 6 | 8 × 3 | 7 × 8 | 9 × 3 | 7 × 7 | 6 × 6 |
|---|---|---|---|---|---|
| .......... | .......... | .......... | .......... | .......... | .......... |

| 6 × 3 | 2 × 7 | 4 × 6 | 5 × 5 | 3 × 9 |
|---|---|---|---|---|
| .......... | .......... | .......... | .......... | .......... |

| 9 × 2 | 8 × 9 | 7 × 6 | 4 × 7 | 4 × 6 | 3 × 9 | 9 × 3 | 8 × 3 | 9 × 6 |
|---|---|---|---|---|---|---|---|---|
| .......... | .......... | .......... | .......... | .......... | .......... | .......... | .......... | .......... |

Si tu obtiens un message qui n'a pas de sens, c'est que tu t'es trompé dans un ou plusieurs calculs. Cherche alors lesquels sont faux.

Corrigés p. 132

.... .... ....

# 11 Calculs avec 5, 15, 20, 25...

**JE COMPRENDS**

Tu vas t'entraîner à calculer avec les nombres **5**, **10**, **15**, **30**, **45** et **60**. On les rencontre souvent. Ce sont, par exemple, les nombres qui servent pour lire l'heure.

**CONSEILS PARENTS**

*Dès que l'occasion se présente, n'hésitez pas à poser des questions du type de celle de l'exercice 5 à votre enfant.*
*Pour aller plus loin, vous pouvez lui proposer d'autres moules à calcul comme ceux présentés dans « À toi de jouer ! ».*
*Par exemple :*
**** – ** = 100*

## Exercices

★ **1 Calcule.**

5 + 5 = ........
15 + 15 = ........
30 + 30 = ........
45 + 15 = ........
30 × 2 = ........
15 × 2 = ........
15 × 3 = ........
15 × 4 = ........
60 − 30 = ........
45 − 30 = ........
30 − 15 = ........
60 − 15 = ........

☐ ☐ ☐

★ **2 Calcule.**

25 + 25 = ........
50 + 25 = ........
50 + 50 = ........
75 + 25 = ........
25 × 3 = ........
50 × 3 = ........
25 × 4 = ........
75 × 2 = ........
50 − 25 = ........
75 − 50 = ........
30 − 15 = ........
100 − 75 = ........

☐ ☐ ☐

★★ **3 Entoure les calculs qui ont pour résultat le nombre 100.**

50 × 2
75 + 35
4 × 15
5 × 15
10 × 10
5 × 20
75 + 25
25 + 25 + 25 + 25
35 + 35 + 15 + 15
4 × 25
60 + 40
45 + 65

☐ ☐ ☐

★★ **4 Entoure les calculs qui ont pour résultat le nombre 60.**

5 × 12
35 + 35
15 × 4
20 + 20 + 20
6 × 10
25 × 3
3 × 30
15 + 15 + 15 + 15
50 + 10
100 − 40
90 − 40
45 − 15

☐ ☐ ☐

## Problèmes

**5** **Dans combien de temps chacune de ces pendules affichera-t-elle 10 h ?**

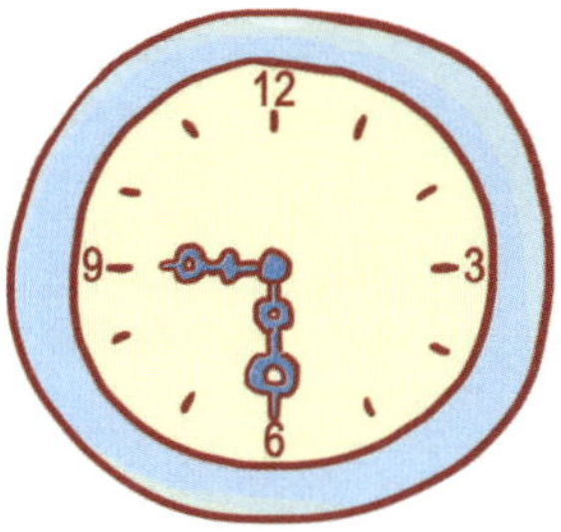


Cette pendule affichera 10 h dans ........ minutes.

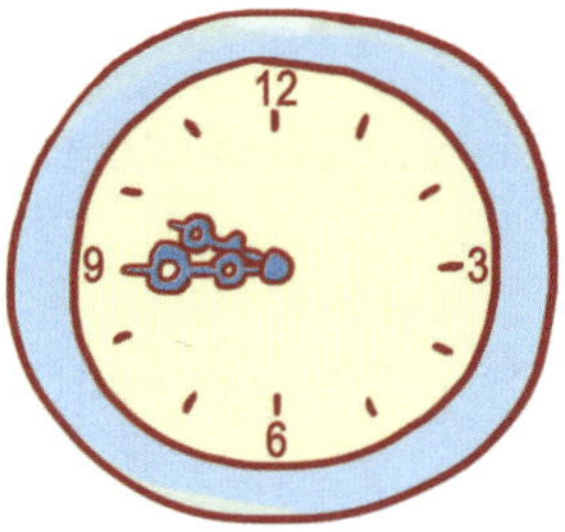


Cette pendule affichera 10 h dans ........ minutes.

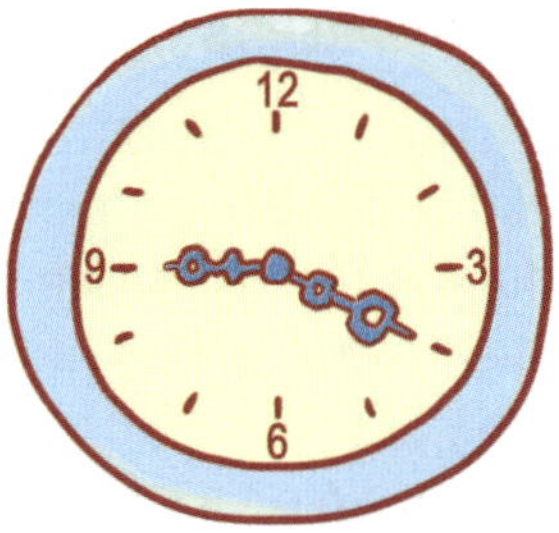


Cette pendule affichera 10 h dans ........ minutes.

Sur une pendule, pour la grande aiguille, l'écart entre deux traits est de 5 minutes.

**6** Thomas a noté les jours et les heures de son entraînement de tennis.
**Pendant combien de temps Thomas s'entraîne-t-il au tennis chaque semaine ?**

*Phrase réponse* : Chaque semaine, Thomas s'entraîne au tennis pendant

................................................

| Tennis |
|---|
| Mardi soir : de 17 h à 18 h 15 |
| Mercredi : de 14 h 15 à 16 h 15 |
| Samedi : de 15 h à 16 h 30 |

## À toi de jouer !

Le professeur Centus a écrit tous les chiffres de 0 à 9, sans en oublier.

0 1 2 3 4 5 6 7 8 9

En utilisant certains de ces chiffres et les deux moules à calcul ci-dessous, il veut toujours obtenir 100 comme résultat. À la place de chaque étoile, il ne peut écrire qu'un seul chiffre. Il n'a pas le droit d'utiliser plusieurs fois le même chiffre dans un calcul. Par exemple, avec le premier moule à calcul, il ne peut pas écrire 28 + 72, car il utilise deux fois le chiffre 2 !

**Essaie toi aussi d'obtenir 100 de trois façons différentes avec chacun de ces moules à calcul.**

| * * + * * = 100 | * * × * = 100 |
|---|---|
| ................................ | ................................ |
| ................................ | ................................ |
| ................................ | ................................ |

Corrigés p. 132-133

.... .... ....

# 12 Multiplication par 20, 30, 40...

**JE COMPRENDS**

- Quand tu multiplies un nombre entier par **20**, tu le multiplies d'abord par **2**, puis par **10** :
**23 × 20 = 23 × 2 × 10 = 46 × 10 = 460**
- Quand tu multiplies un nombre entier par **50**, tu le multiplies d'abord par **5**, puis par **10** :
**11 × 50 = 11 × 5 × 10 = 55 × 10 = 550**
- Quand tu multiplies un nombre entier par **100**, tu le multiplies d'abord par **10**, puis encore par **10** :
**17 × 100 = 17 × 10 × 10 = 170 × 10 = 1 700**
Cela revient à écrire deux **0** à droite de **17**.

**CONSEILS PARENTS**
*Pour les problèmes 6 et 7 et pour « À toi de jouer ! », vous pouvez suggérer à votre enfant d'essayer plusieurs nombres. Trouver les réponses du premier coup est très difficile.*

## Exercices

**1** ★ **Calcule.**

| | | |
|---|---|---|
| 7 × 10 = ........ | 7 × 20 = ........ | 7 × 50 = ........ |
| 7 × 100 = ........ | 16 × 2 = ........ | 16 × 20 = ........ |
| 16 × 100 = ........ | 16 × 200 = ........ | 70 × 8 = ........ |
| 90 × 3 = ........ | 80 × 5 = ........ | 90 × 9 = ........ |

**2** ★★ **Complète.**

| | | |
|---|---|---|
| 8 × ........ = 80 | 8 × ........ = 160 | 8 × ........ = 40 |
| 8 × ........ = 400 | 20 × ........ = 40 | 20 × ........ = 400 |
| 20 × ........ = 100 | 20 × ........ = 1 000 | 70 × ........ = 210 |
| 70 × ........ = 2 100 | 70 × ........ = 350 | 70 × ........ = 4 900 |

Recalcule l'opération après avoir écrit ta réponse.

**3** ★ **Entoure les calculs qui ont comme résultat 640.**

| | | |
|---|---|---|
| 320 × 2 | 64 × 100 | 32 × 20 |
| 6 × 40 | 8 × 80 | 160 × 4 |
| 16 × 40 | 80 × 80 | 64 × 10 |

**4** ★ **Entoure les calculs qui ont comme résultat 480.**

| | | |
|---|---|---|
| 24 × 20 | 160 × 3 | 80 × 4 |
| 70 × 6 | 8 × 60 | 10 × 48 |
| 40 × 12 | 80 × 6 | 16 × 30 |

## Problèmes

**5** Boris a rempli 30 boîtes de 6 œufs.
**Combien y a-t-il d'œufs dans toutes ces boîtes ?**

..............................................................................

☐ ☐ ☐

**6** Isidore a rempli plusieurs boîtes de 12 œufs.
Il a rangé 480 œufs.
**Combien de boîtes a-t-il remplies ?**

..............................................................................

☐ ☐ ☐

**7** Rachel a rempli autant de sachets de 10 bonbons que de sachets de 20 bonbons. Elle a utilisé 150 bonbons.
**Combien a-t-elle rempli de sachets de chaque sorte ?**

..............................................................................

..............................................................................

☐ ☐ ☐

Tu peux essayer des nombres de sachets de bonbons en écrivant avec un crayon à papier et les modifier en gommant si tu ne trouves pas 150 bonbons du premier coup.

## À toi de jouer !

Eva et Antoine doivent lancer chacun 4 palets sur cette cible.

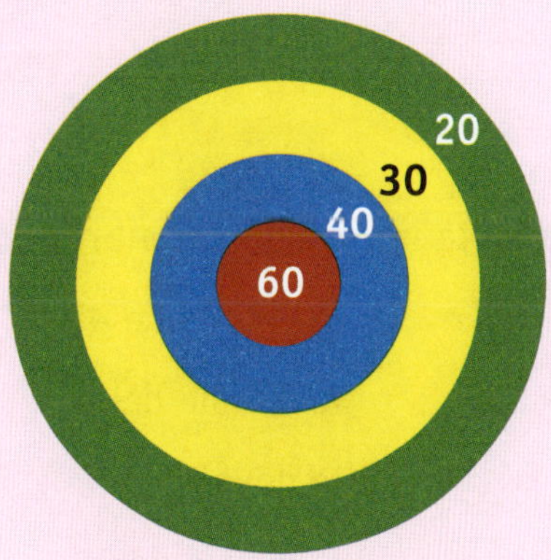


Eva dit : « Je peux marquer 120 points en plaçant les 4 palets sur la même zone. »
**Où doit-elle les placer ?**

..............................................................................

..............................................................................

Antoine dit : « Je peux marquer 120 points en plaçant 4 palets dans deux zones. »
**Où doit-il les placer ? Trouve les solutions possibles.**

..............................................................................

..............................................................................

..............................................................................

À toi de jouer ! Place 4 petits objets (grains de riz, coquillettes, lentilles...) sur la cible et calcule tes points.

Corrigés p. 133

.... .... ....

# 13 Double et moitié Quart et quadruple

**JE COMPRENDS**

- Pour trouver le **double** d'un nombre, on l'ajoute une deuxième fois.

Pour obtenir le double de **15**, on calcule **15 + 15 = 30**
**30 est le double de 15.**

- Pour trouver la **moitié** d'un nombre, on « coupe » une quantité en 2 parts égales.

Pour obtenir la moitié de **24**, on cherche **..... + ..... = 24**, avec le même nombre à la place des pointillés. On trouve : **12 + 12 = 24**
**12 est la moitié de 24.**

- Pour trouver le **quadruple** d'un nombre, on l'ajoute quatre fois *ou* on le multiplie par 4 *ou* on double son double.

**Le quadruple de 4 est égal à 16.**
**4 + 4 + 4 + 4 = 4 × 4 = 16** ou **8 × 2 = 16**

- Pour trouver un **quart**, on « coupe » une quantité en 4 parts égales *ou* on « coupe » sa moitié en deux. On peut aussi le diviser par 4.

**Le quart de 4 est égal à 1.**
**4 = 1 + 1 + 1 + 1** ou **4 = 2 + 2** ou **4 : 4 = 1**

**CONSEILS PARENTS**
*Vous pouvez faire remarquer à votre enfant que le quadruple c'est le double du double et que le quart c'est la moitié de la moitié.*

## Exercices

**★ 1 Complète les phrases par les mots suivants : double, moitié, quart, quadruple.**

50 est le .............................. de 25.
Le .............................. de 40 est 10.
La .............................. de 80 est 40.
20 est le .............................. de 5.

☐☐☐

**★ 2 Trouve le double ou la moitié des nombres suivants.**

| | | |
|---|---|---|
| le double de 34 : ........ | le double de 47 : ........ | la moitié de 62 : ........ |
| le double de 35 : ........ | le double de 28 : ........ | la moitié de 40 : ........ |
| la moitié de 38 : ........ | le double de 54 : ........ | la moitié de 200 : ........ |
| le double de 49 : ........ | la moitié de 72 : ........ | la moitié de 70 : ........ |

☐☐☐

Fais bien attention au mot qui est écrit dans la consigne (double, moitié, quart ou quadruple).

**★★ 3 Trouve le quart ou le quadruple des nombres suivants.**

| | | |
|---|---|---|
| le quart de 80 : ........ | le quadruple de 6 : ........ | le quart de 800 : ........ |
| le quart de 24 : ........ | le quart de 28 : ........ | le quadruple de 150 : ........ |
| le quadruple de 12 : ........ | le quart de 60 : ........ | le quadruple de 50 : ........ |
| le quart de 44 : ........ | le quadruple de 100 : ........ | le quadruple de 70 : ........ |

☐☐☐

## Problèmes

**4** Morgane a fabriqué un collier avec des perles vertes, jaunes, bleues et rouges.
Elle a utilisé 12 perles vertes.
Le nombre de perles jaunes est la moitié du nombre de perles vertes.
Le nombre de perles bleues est le quart du nombre de perles vertes.
Le nombre de perles rouges est le quadruple du nombre de perles vertes.
**Combien de perles a-t-elle utilisées en tout ?**

*Phrase réponse* : Morgane a utilisé ............ perles en tout.

**5** Dans mon jardin, il y a 4 arbres.
Dans chaque arbre, il y a 2 nids.
Dans chaque nid, il y a 4 oisillons.
**Combien y a-t-il d'oisillons dans mon jardin ?**

*Phrase réponse* : Il y a ............ oisillons dans mon jardin.

## À toi de jouer !

**1re énigme**
Un nénuphar double de surface chaque jour. Au bout de 30 jours, il recouvre la totalité de l'étang sur lequel il est.
**Au bout de combien de jours recouvre-t-il la moitié de la surface de cet étang ?**

..........................................................................................

**Au bout de combien de jours recouvre-t-il le quart de la surface de cet étang ?**

..........................................................................................

**2e énigme**
Dans une ferme, il y a des chevaux et des canards. Au total il y a 16 ailes, 40 yeux et 64 pattes. **Combien y a-t-il de chevaux et de canards ?**

..........................................................................................

..........................................................................................

**3e énigme**
Martin a le quart de l'âge de sa sœur Anaïs.
L'âge de la maman est le quadruple de l'âge d'Anaïs.
La somme des 3 âges est égale à 42.
**Quel est l'âge de chacun ?**

..........................................................................................

Corrigés p. 133

.... .... ....

# 14 Triple et tiers

## JE COMPRENDS

▸ Pour trouver **le triple** d'un nombre, on l'ajoute trois fois ou on le multiplie par **3**.

**Le triple de 4 est égal à 12.**

**$4 + 4 + 4 = 12$ ou $4 \times 3 = 12$**

▸ Pour trouver le **tiers** d'un nombre, on « coupe » une quantité en 3 parts égales ou on le divise par **3**.

**Le tiers de 15 est égal à 5.**

**$15 = 5 + 5 + 5$ ou $15 : 3 = 5$**

**CONSEILS PARENTS**

*Triple et tiers sont souvent source de confusion. Si vous pensez que c'est le cas pour votre enfant, demandez-lui de dessiner le tiers et le triple d'une petite quantité d'objets (par exemple 6 crayons).*

## Exercices

**★ 1 Complète les phrases par les mots suivants : triple et tiers.**

75 est le .......................... de 25. Le .......................... de 60 est 20.

Le .......................... de 120 est 40. 210 est le .......................... de 70.

Le .......................... de 300 est 100. Le .......................... de 50 est 150.

☐ ☐ ☐

**★ 2 Trouve le triple ou le tiers des nombres suivants.**

le triple de 20 : ........... le triple de 200 : ........... le tiers de 33 : ...........

le triple de 9 : ........... le tiers de 60 : ........... le triple de 40 : ...........

le tiers de 24 : ........... le triple de 50 : ........... le tiers de 600 : ...........

le tiers de 300 : ........... le tiers de 150 : ........... le triple de 70 : ...........

☐ ☐ ☐

**★★ 3 Complète les cases.**

8 → triple → ☐ → moitié → ☐ → tiers → ☐ → quadruple → ☐

90 → tiers → ☐ → tiers → ☐ → quadruple → ☐ → triple → ☐

25 → triple → ☐ → double → ☐ → tiers → ☐ → quadruple → ☐

8 → triple → ☐ → triple → ☐ → quart → ☐ → tiers → ☐

☐ ☐ ☐

Le calcul s'applique toujours au nombre qui est dans la case juste avant l'indication.

# Exercices

**4** Le papa de Carla lit un petit roman de 40 pages alors que sa maman lit un gros roman de 360 pages. Carla, elle, lit *Zoé et Paloma*. Elle est impatiente de découvrir le tome 2 qui a pour titre *Mystère à Londres*.

- Le nombre de pages du livre *Zoé et Paloma* est égal au tiers du nombre de pages du roman que lit la maman de Carla.

**Combien de pages a le livre *Zoé et Paloma* ?**

..............................................................................................................

*Phrase réponse* : Le livre a ................ pages.

- Le nombre de pages du livre *Mystère à Londres* est égal au quadruple du nombre de pages du roman que lit le papa de Carla.

**Combien de pages a le livre *Mystère à Londres* ?**

..............................................................................................................

*Phrase réponse* : Le livre a ................ pages.

☐ ☐ ☐

**5** Le tarif journalier dans un camping est de 36 € pour un adulte.
Celui pour un enfant est le tiers du tarif adulte.

**Combien deux adultes vont-ils payer pour 3 jours passés dans ce camping ?**

*Phrase réponse* : Deux adultes vont payer ..................................................

..............................................................................................................

**Combien deux adultes et trois enfants vont-ils payer pour 3 jours passés dans ce camping ?**

*Phrase réponse* : Deux adultes et trois enfants vont payer ..............................

..............................................................................................................

☐ ☐ ☐

Le résultat qu'il faut trouver à la dernière ligne doit être proche de la réalité. Aide-toi en vérifiant dans un livre ou sur Internet le nombre d'habitants en France.

## À toi de jouer !

**Je suis un grand nombre qui peut être obtenu en écrivant trois nombres les uns à la suite des autres. Qui suis-je ?**

Le premier nombre vaut un de moins que le triple de 22. ..................................

Le deuxième nombre est le tiers du double de 456. ..........................................

Le troisième nombre est le tiers du quart de 6 000. .........................................

Je suis le nombre d'habitants en France. .........................................................

Corrigés p. 133

☐ .... ☐ .... ☐ ....

## La puce piégée

**Nombre de joueurs** : 2. Un des joueurs représente la puce (on l'appelle la puce) et l'autre joueur le piégeur (on l'appelle le piégeur).

**Matériel :** un petit pion qui représente la puce, un dé et un crayon.

**But du jeu** : pour la puce, éviter les pièges. Pour le piégeur, attraper la puce.

**Déroulement du jeu** :
- Au départ, la puce lance le dé. Ce sera la longueur des déplacements de la puce.
- Le piégeur choisit alors 3 pièges sur la piste, où il veut, entre les positions 20 et 60. Pour cela, il entoure 3 cases au crayon à papier, sans appuyer, pour pouvoir les gommer à la fin de la partie.
- La puce choisit ensuite très vite sa case de départ, où elle veut sur les cases de 1 à 10.
- La puce se déplace alors par bonds réguliers. Si elle tombe sur un piège, le piégeur a gagné. Sinon, c'est la puce qui a gagné.

**Exemple :**
Le dé est tombé sur 5. La puce sautera donc de 5 en 5.
Le piégeur a entouré les cases 21, 27 et 30.
La puce choisit 2 comme point de départ. Elle va ensuite passer par les cases 7, 12, 17, 22 et 27. Elle tombe donc sur le piège 27… elle a perdu !

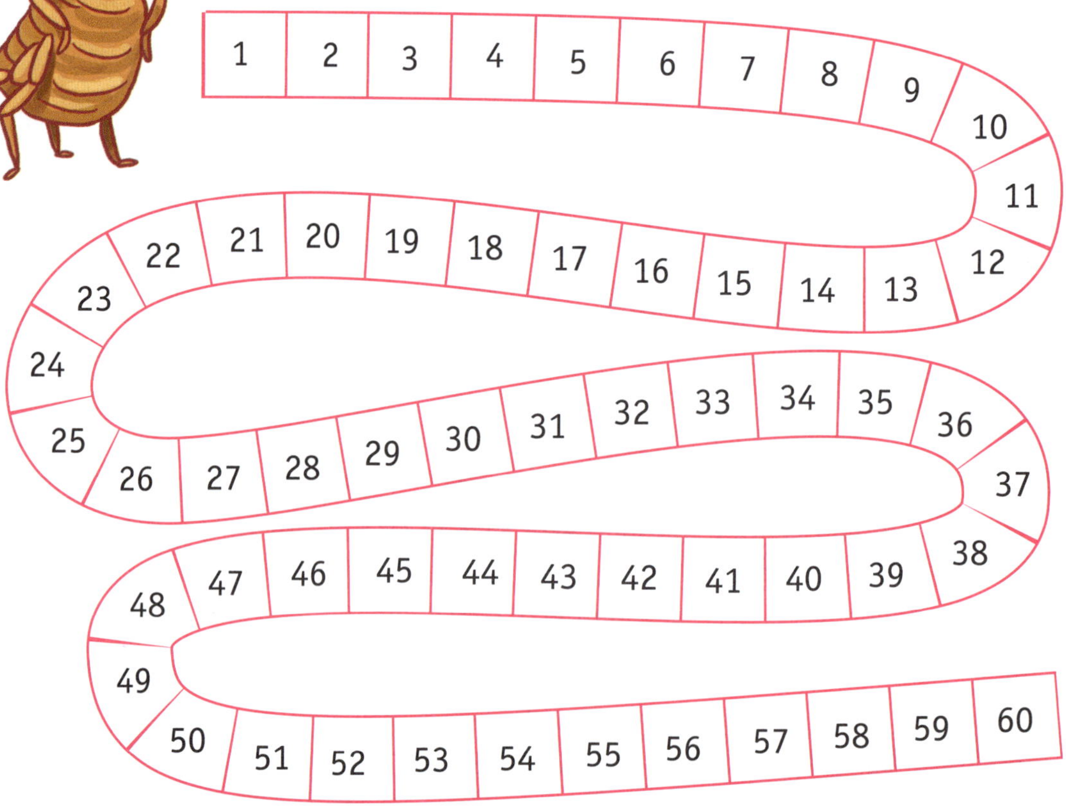

# Sommaire CM1

Reporte la date à laquelle tu as fini chaque chapitre et coche la case ☐☐☐ qui correspond à ton résultat.

# 1 Addition et soustraction (dizaines, centaines...)

**JE COMPRENDS**

Pour ajouter ou soustraire des dizaines, des centaines..., il faut bien connaître les résultats des tables d'addition.

- **700 + 800**, c'est 7 centaines + 8 centaines, c'est 15 centaines, donc le résultat est **1500**. **700 + 800 = 1500**
- **120 – 70**, c'est 12 dizaines – 7 dizaines, c'est 5 dizaines, donc le résultat est **50**. **120 – 70 = 50**

**CONSEILS PARENTS**

*Si votre enfant rencontre des difficultés, relisez avec lui les résultats de la table d'addition de la page 143.*

## Exercices

**★ 1 Calcule.**

40 + 50 = ..........
80 + 80 = ..........
400 + 600 = ..........
700 + 900 = ..........
8 000 + 5 000 = ..........

90 – 70 = ..........
180 – 90 = ..........
800 – 500 = ..........
1 400 – 800 = ..........
12 000 – 9 000 = ..........

80 + .......... = 140
70 + .......... = 150
600 + .......... = 900
700 + .......... = 1 300
9 000 + .......... = 11 000

**★★ 2 Pour chaque ligne, trouve la règle et continue.**

| | | | | | | | |
|---|---|---|---|---|---|---|---|
| 80 | 120 | 160 | | | | | |
| 2 700 | 2 500 | 2 300 | | | | | |
| | | | 12 000 | 15 000 | 18 000 | | |

Il est important de bien identifier la règle de calcul avant d'écrire les nombres manquants. Lorsque tu l'as trouvée, tu peux la noter au début de chaque ligne.

**★★ 3 Complète ces égalités en utilisant les nombres des bulles.**
Tu peux utiliser chaque nombre plusieurs fois.

160 = .......... + ..........
1 800 = .......... + ..........
20 = .......... – ..........
300 = .......... – ..........

1 400 = .......... + ..........
2 000 = .......... + ..........
80 = .......... – ..........
600 = .......... – ..........

700 70 600 500 160 800 1 300 80 90

## Problèmes

**4** Monsieur Radius et Monsieur Cubitus ont acheté un canapé dans le même magasin.
Pour payer son canapé, Monsieur Radius a utilisé 1 billet de 500 € et 4 billets de 200 €.
Pour payer le sien, Monsieur Cubitus a utilisé 2 billets de 500 € et 4 billets de 50 €.
**Qui a acheté le canapé le plus cher ?**

*Phrase réponse :* ..........................................................................................

..........................................................................................

**5** Sachant qu'il existe des billets de :

**Lesquels faut-il choisir pour payer ce téléviseur, en utilisant le moins possible de billets ?**

*Phrase réponse :* ..........................................................................................

..........................................................................................

..........................................................................................

..........................................................................................

..........................................................................................

..........................................................................................

1 370 €

Tu peux utiliser plusieurs billets d'une même valeur.

## À toi de jouer !

Entoure les lettres des cases qui contiennent un résultat égal à **1 500**.
Avec ces lettres, tu peux former le nom d'un animal bien connu.

**Quel est cet animal ?** ..........................................................................................

| | | | |
|---|---|---|---|
| E<br>2 300 – 800 | L<br>800 + 600 | G<br>3 500 – 1 000 | O<br>1 200 + 300 |
| L<br>2 000 – 600 | C<br>800 + 700 | M<br>600 + 700 | T<br>1 250 + 250 |
| T<br>900 + 600 | I<br>3 000 – 2 500 | U<br>1 470 + 30 | N<br>10 000 + 5 000 |
| H<br>2 000 – 500 | A<br>1 000 + 50 | P<br>2 500 – 2 000 | E<br>4 500 – 3 000 |

Corrigés p. 134

.... .... ....

# 2 Trouver le complément d'un nombre à une dizaine, une centaine

**JE COMPRENDS**

Pour trouver le **complément d'un nombre** à une dizaine ou à une centaine, tu peux passer par une dizaine ou une centaine proche du nombre de départ et avancer par bonds successifs.

Pour trouver le complément de **68 à 120** :

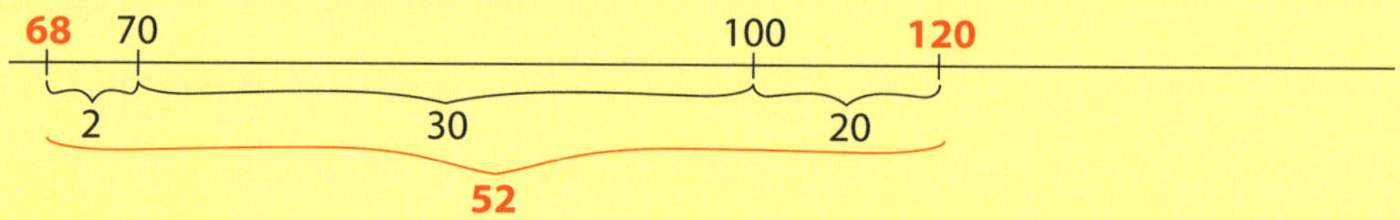


Le complément de **68 à 120** est donc **52**.

**68 + 52 = 120**

**CONSEILS PARENTS**

*Pour les exercices 2 et 3, vous pouvez conseiller à votre enfant d'utiliser une ligne numérique, comme celle donnée en exemple dans l'encadré ci-contre.*

## Exercices

**1** **Pour trouver le complément de 78 à 150, complète ce schéma.**

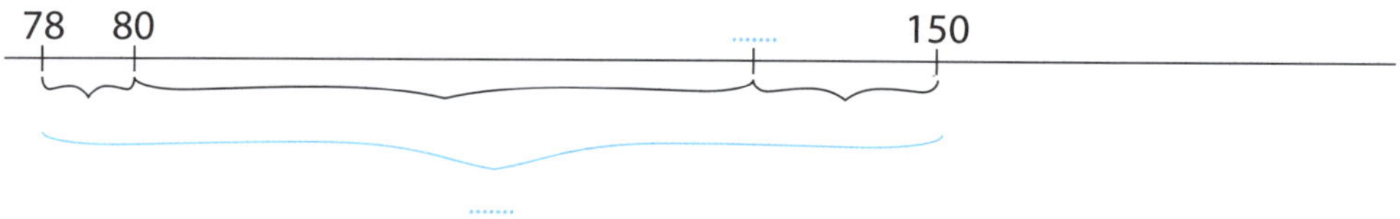


Le complément de 78 à 150 est ..........................

**Pour trouver le complément de 97 à 200, complète ce schéma.**

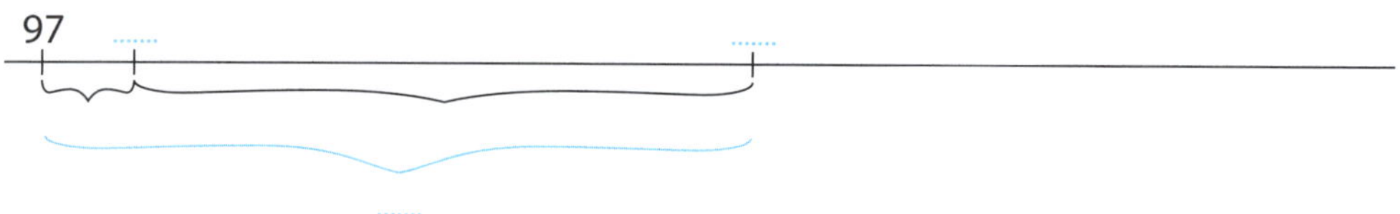


Le complément de 97 à 200 est ..........................

**Pour trouver le complément de 245 à 1 000, complète ce schéma.**

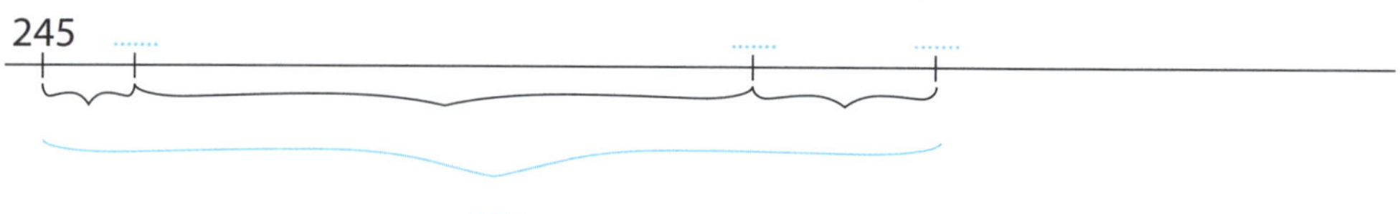


Le complément de 245 à 1 000 est ........................

**2** **Parmi les trois réponses proposées, entoure le complément de chaque nombre à 1 000.**

| Nombre | | | |
|---|---|---|---|
| **300** | 70 | 600 | 700 |
| **650** | 250 | 350 | 750 |

Tu peux d'abord chercher le complément et l'entourer ou bien essayer les nombres proposés et entourer le bon.

| 150 |
| --- |
| 875 |

| 950 | 50 | 850 |
| --- | --- | --- |
| 125 | 250 | 225 |

☐ ☐ ☐

**3** **Calcule le complément de :**

26 à 30 : ............ 147 à 150 : ............ 350 à 400 : ............

26 à 50 : ............ 147 à 160 : ............ 350 à 500 : ............

26 à 100 : ............ 147 à 200 : ............ 350 à 1 000 : ............

26 à 120 : ............ 147 à 300 : ............ 350 à 1 200 : ............

26 à 200 : ............ 147 à 350 : ............ 350 à 2 000 : ............

☐ ☐ ☐

## Problèmes

**4** Pour payer ce vélo et ce casque, Monsieur Cyclo donne deux billets de 100 €.
**Quelle somme d'argent le marchand doit-il lui rendre ?**

*Phrase réponse* : ..................................................

..................................................

☐ ☐ ☐

**5** Une course de 1 000 m se déroule sur un circuit de 415 m de long.
**Combien de tours complets doit faire chaque coureur ?**

*Phrase réponse* : ..................................................

..................................................

**Après le dernier tour complet, combien reste-t-il de mètres à parcourir ?**

*Phrase réponse* : ..................................................

..................................................

☐ ☐ ☐

## À toi de jouer !

**Complète ces deux carrés magiques.**

En additionnant les nombres de chaque ligne et de chaque colonne, on trouve toujours **100**.

| 45 | 30 | |
| --- | --- | --- |
| | | 65 |
| 40 | | |

En additionnant les nombres de chaque ligne et de chaque colonne, on trouve toujours **1 000**.

| 250 | | |
| --- | --- | --- |
| | 80 | 420 |
| | | 430 |

À la fin, vérifie que tu as bien un total de 100 ou de 1 000 pour chaque ligne et chaque colonne.

Corrigés p. 134

.... .... ....

# 3 Calcul rusé : sommes, différences, compléments

**JE COMPRENDS**

Pour bien calculer mentalement, tu dois être rusé(e). Pour cela, tu peux transformer un calcul en un autre calcul plus facile, lorsque c'est possible, par exemple en faisant apparaître des nombres ronds, c'est-à-dire des **multiples** de 10, 100...

**25 + 12 + 7 + 15 + 18 = 25 + 15 + 12 + 18 + 7 = 40 + 30 + 7 = 77**

Regroupement de termes faciles à additionner.

Calcul de **172 – 169**. Il peut être remplacé par **Combien pour aller de 169 à 172 ?**

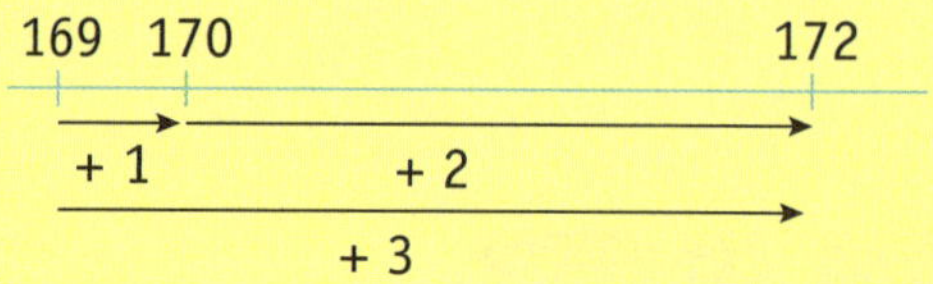


Il peut aussi être remplacé par **172 – 170 + 1 = 2 + 1 = 3**

**CONSEILS PARENTS**

*Pour chaque calcul, il y a plusieurs bonnes méthodes pour arriver au résultat. Encouragez votre enfant à choisir celle qui lui convient le mieux en fonction de sa propre logique.*

## Exercices

**1 Calcule.**

5 + 23 + 25 + 8 + 7 = ..........

16 + 15 + 104 + 105 = ..........

12 + 36 + 9 + 8 + 11 = ..........

125 + 250 + 25 + 50 + 10 = ..........

**2 Calcule. Tu peux utiliser les conseils de la page 42.**

16 + 9 = ..........
26 + 25 = ..........
159 + 11 = ..........
136 + 19 = ..........
148 + 32 = ..........

27 – 9 = ..........
58 – 49 = ..........
175 – 25 = ..........
156 – 9 = ..........
209 – 199 = ..........

18 + .......... = 39
56 + .......... = 75
102 + .......... = 152
96 + .......... = 197
89 + .......... = 188

**3 Complète ces suites de nombres.**

- En avançant de 18 en 18

| 50 | 68 | | | | | | | | |
|---|---|---|---|---|---|---|---|---|---|

- En reculant de 9 en 9

| 159 | 150 | | | | | | | | |
|---|---|---|---|---|---|---|---|---|---|

Tu peux vérifier tes réponses au fur et à mesure en utilisant ta calculatrice. Cela t'évitera de tout recommencer s'il y a une erreur !

## Problèmes

**4** Claire, Lise et Aurélien collectionnent les timbres. Claire en a déjà 150, Lise n'en a que 49. Aurélien vient de commencer sa collection en réunissant 31 timbres.
**Combien Claire en a-t-elle de plus que Lise ?**
**Combien de plus qu'Aurélien ?**

*Phrase réponse :* ..................................................................................................................

**Combien Aurélien en a-t-il de moins que Lise ?**

*Phrase réponse :* ..................................................................................................................

**S'ils regroupent tous leurs timbres ensemble, combien y en aura-t-il ?**

*Phrase réponse :* ..................................................................................................................

Pour les réponses aux problèmes, n'oublie pas de rédiger une phrase.

**5**

**Quel est l'âge de Timéo ?**

*Phrase réponse :* ..................................................................................................................

..................................................................................................................................................

## À toi de jouer !

Lola avait réalisé une pyramide de boîtes. Une boîte placée sur deux autres boîtes portait un nombre égal à la somme des nombres écrits sur ces deux boîtes.
La chouette a renversé la montagne de boîtes. Il n'en reste que trois à leur place. Les autres sont à côté.
**Retrouve la place de chaque boîte en écrivant le nombre qu'elle portait dans la pyramide.** Il existe un nombre facile à placer : c'est celui du haut...

Corrigés p. 134

# 4 Les tables de multiplication (1)

**JE COMPRENDS**

Tu dois bien connaître les **tables de multiplication**. Pour cela, révise-les souvent.

Tu peux demander à quelqu'un qui les connaît bien de t'interroger régulièrement.

Tu peux aussi taper un **produit** sur la calculatrice, puis dire ou écrire le résultat avant de vérifier en appuyant sur la touche **=**.

Tu peux aussi remarquer que, lorsque tu connais un résultat, tu en connais aussi un autre :

si tu sais que **7 × 6 = 42**, tu sais aussi que **6 × 7 = 42**.

*(Voir aussi p. 50, 52, 54)*

**CONSEILS PARENTS**

*Bien connaître ses tables de multiplication est un atout sérieux pour réussir en mathématiques. N'hésitez pas à entraîner votre enfant en l'interrogeant souvent.*

## Exercices

**1** ★ **Demande à quelqu'un de t'interroger sur les tables de multiplication. Tu dois répondre oralement le plus rapidement possible.**

□ □ □

**2** ★ **Complète.**

8 × 3 = .......... 7 × 5 = .......... 6 × 6 = .......... 9 × 4 = ..........

9 × 7 = .......... 6 × 8 = .......... 7 × 8 = .......... 3 × 9 = ..........

5 × 8 = .......... 2 × 7 = .......... 8 × 8 = .......... 8 × 9 = ..........

□ □ □

**3** ★★ **Complète ces 2 tables.**

| × | 3 | 4 | 7 | 8 | 9 |
|---|---|---|---|---|---|
| 3 | | | | | |
| 5 | | | | | |
| 6 | | | | | |
| 8 | | | | | |
| 9 | | | | | |

| × | 2 | | 5 | | |
|---|---|---|---|---|---|
| | | | 15 | | |
| 4 | | | | 28 | 36 |
| | 10 | | | | |
| | | | | 49 | |
| 8 | | 24 | | | |

□ □ □

**4** ★★ **Sur chaque ligne, tous les nombres se trouvent dans la même table de multiplication. Trouve laquelle.**

| | | | | | | |
|---|---|---|---|---|---|---|
| 6 | 10 | 12 | 16 | 18 | sont tous dans la table de multiplication de | |
| 14 | 21 | 42 | 56 | 63 | sont tous dans la table de multiplication de | |
| 12 | 24 | 30 | 36 | 54 | sont tous dans la table de multiplication de | |
| 18 | 36 | 54 | 72 | 81 | sont tous dans la table de multiplication de | |

□ □ □

## Problèmes

**5** Jules a reçu 6 paquets d'images. Dans chaque paquet, il y a 8 images.

**Combien d'images a-t-il reçues ?** ..........................................................................

Leïla a aussi reçu 6 paquets d'images tous identiques, mais elle a reçu 6 images de moins que Jules.

**Combien d'images y avait-il dans chaque paquet ?** ..........................................................

☐ ☐ ☐

**6** Sophie, Anna et Alice ont joué au jeu de fléchettes.
Elles ont lancé chacune 10 fléchettes.
Sophie a placé 4 fléchettes sur la zone bleue,
3 sur la zone rouge et 2 sur la zone jaune.
Elle a raté une fois la cible.
**Combien Sophie a-t-elle marqué de points ?**

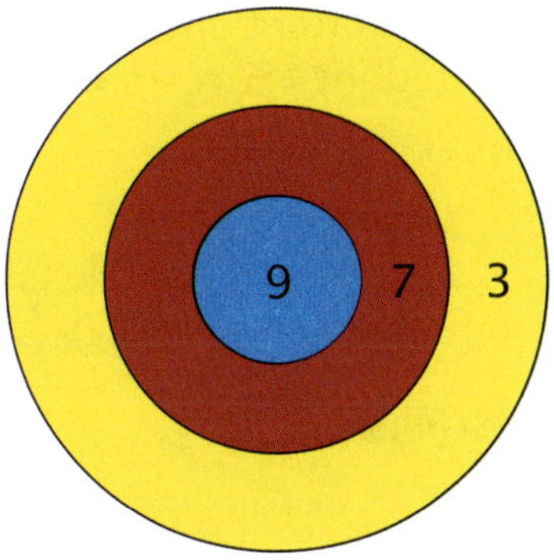


*Phrase réponse* : ..........................................................

Anna a placé des fléchettes sur la zone rouge et les autres à côté de la cible. Elle a marqué 56 points.

**Combien de fléchettes a-t-elle placées sur la zone rouge ?**

*Phrase réponse* : ..........................................................................................

Alice a placé toutes ses fléchettes sur 2 zones différentes. Il y a cinq fléchettes sur chacune de ces zones. Elle a marqué 60 points.

**Quelles sont les 2 zones dans lesquelles Alice a placé ses fléchettes ?**

*Phrase réponse* : ..........................................................................................

☐ ☐ ☐

## À toi de jouer !

Chacun de ces produits est égal à au moins un autre produit, sauf un. C'est l'intrus.
**À toi de le trouver et colorie-le.**

4 × 6 | 6 × 2 | 2 × 8 | 8 × 3 | 3 × 6 | 6 × 6 | 3 × 4 | 6 × 7 | 9 × 2 | 4 × 4 | 12 × 2 | 8 × 9 | 4 × 9 | 12 × 3 | 9 × 8

Tu peux colorier en bleu toutes les bulles qui correspondent à un même résultat, en rouge celles qui correspondent à un autre résultat et continuer ainsi de suite jusqu'à ce qu'il ne reste plus que l'intrus.

Corrigés p. 134-135

.... .... ....

# 5 Les tables de multiplication (2)

**JE COMPRENDS**

Si tu connais bien tes tables de multiplication, tu es capable de répondre à beaucoup de questions, comme celles-ci :

- Combien de fois **7** dans **42** ? *Réponse* : **6 fois**, parce que **7 × 6 = 42**
- Combien de fois **7** dans **45** ? *Réponse* : **6 fois**, parce que **7 × 6 = 42** (et **il reste 3**)
- Quel est le quotient entier et le reste de la division de **45** par **7** ? *Réponse* : quotient = **6**, reste = **3** parce que **45 = (7 × 6) + 3**

**CONSEILS PARENTS**

*Comme conseillé dans le chapitre 4 (p. 72), n'hésitez pas à entraîner régulièrement votre enfant : il doit être capable de répondre très vite à des questions du type « Combien de fois 6 dans 42 ? »*

*Assurez-vous que votre enfant a bien identifié les termes quotient et reste.*

## Exercices

**1** ★ **Réponds aux questions.**

**Combien de fois 5 :**

dans 15 ? .......... dans 25 ? .......... dans 40 ? .......... dans 45 ? ..........

**Combien de fois 6 :**

dans 18 ? .......... dans 36 ? .......... dans 42 ? .......... dans 54 ? ..........

**Combien de fois 8 :**

dans 24 ? .......... dans 48 ? .......... dans 56 ? .......... dans 64 ? ..........

**Combien de fois 9 :**

dans 18 ? .......... dans 36 ? .......... dans 54 ? .......... dans 72 ? ..........

**2** ★★ **Écris la réponse et le reste. Il est possible que le reste soit égal à 0 dans certains cas.**

**Combien de fois 4 :**

dans 23 ? .......... reste : .......... dans 35 ? .......... reste : ..........

**Combien de fois 5 :**

dans 23 ? .......... reste : .......... dans 35 ? .......... reste : ..........

**Combien de fois 7 :**

dans 23 ? .......... reste : .......... dans 35 ? .......... reste : ..........

Pour les exercices 2 et 3, vérifie tes réponses en faisant une multiplication et une addition, comme dans l'exemple du dernier point de l'encadré jaune.

**3** **Trouve à chaque fois le quotient entier et le reste.**
**Dans certains cas, le reste peut être égal à 0.**

| | 37 divisé par 5 | 48 divisé par 9 | 60 divisé par 7 | 48 divisé par 8 | 49 divisé par 9 | 49 divisé par 7 |
|---|---|---|---|---|---|---|
| Quotient entier | | | | | | |
| Reste | | | | | | |

☐ ☐ ☐

## Problèmes

**4** Lou décide de faire un album photo :
elle mettra le même nombre de photos sur chaque page.
**Combien doit-elle mettre de photos sur chaque page ?**

*Phrase réponse* : ..................................................

Pour le moment, elle n'a collé que 40 photos.
**Combien de pages sont remplies ? Combien y a-t-il de photos sur la page incomplète ?**

*Phrase réponse* : ..................................................

☐ ☐ ☐

**5** Gabriel possède 24 petites voitures. Il veut toutes les ranger en faisant des colonnes de voitures. Toutes les colonnes doivent contenir exactement le même nombre de voitures.
**Combien de colonnes peut-il faire et avec combien de voitures dans chaque colonne ?**
Il y a 8 réponses possibles. Essaie de toutes les trouver.

Il est possible que Gabriel fasse une seule colonne.

Réponse 1 : ................................
Réponse 2 : ................................
Réponse 3 : ................................
Réponse 4 : ................................
Réponse 5 : ................................
Réponse 6 : ................................
Réponse 7 : ................................
Réponse 8 : ................................

☐ ☐ ☐

## À toi de jouer !

J'ai collectionné 65 images de footballeurs. Je les ai toutes collées dans un album, sauf une.
C'est bizarre, le nombre d'images par page est le même que le nombre de pages remplies !

**Combien de pages sont remplies ?** ..................................

Corrigés p. 135

.... .... ....

# 6 Double et moitié Triple et tiers Quadruple et quart

## JE COMPRENDS

Aide-toi de ces dessins pour te souvenir de ce que veulent dire les mots **double**, **moitié**, **triple**, **tiers**, **quadruple**, **quart**.

Le **double** de 6 est **12**.

La **moitié** de 12 est **6**.

Le **tiers** de 12 est **4**.

Le **triple** de 4 est **12**.

Le **quart** de 12 est **3**.

Le **quadruple** de 3 est **12**.

*(voir aussi p. 60, 62)*

**CONSEILS PARENTS**

*Pour « À toi de jouer ! », il est possible que votre enfant ne connaisse pas le principe des mots croisés. Aidez-le alors à remplir les premières cases.*

## Exercices

**1** **Complète.**

**Quel est le double :**

de 8 ? .......... de 15 ? .......... de 25 ? .......... de 17 ? ..........

**Quelle est la moitié :**

de 8 ? .......... de 24 ? .......... de 100 ? .......... de 32 ? ..........

**Quel est le triple :**

de 8 ? .......... de 12 ? .......... de 15 ? .......... de 50 ? ..........

**Quel est le tiers :**

de 12 ? .......... de 15 ? .......... de 36 ? .......... de 60 ? ..........

**Quel est le quadruple :**

de 8 ? .......... de 10 ? .......... de 15 ? .......... de 25 ? ..........

**Quel est le quart :**

de 12 ? .......... de 24 ? .......... de 80 ? .......... de 120 ? ..........

Le dernier nombre est 16. Si tu en as trouvé un autre, c'est que tu t'es trompé en route. Vérifie alors tes calculs.

**2** **Remplis les cases en suivant les indications.**

6 → double → 12 → quart → ....... → quadruple → ....... → triple → .......

↓ moitié

....... ← tiers ← ....... ← double ← ....... ← quadruple ← ....... ← tiers ← .......

**3** **Complète en utilisant les mots : le double, la moitié, le triple, le tiers, le quadruple, le quart.**

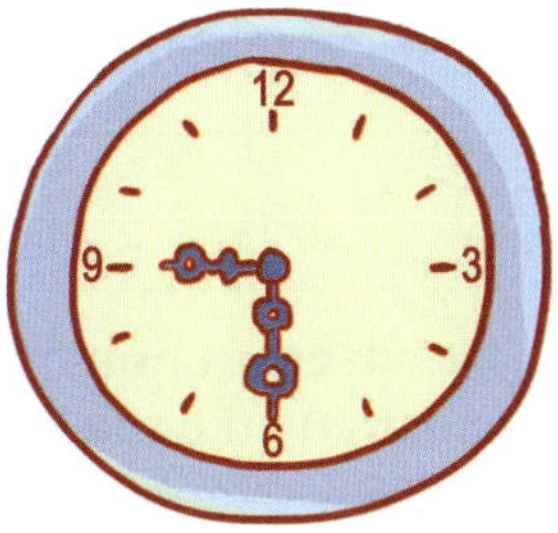



120 minutes, c'est .......................... d'une heure.

30 minutes, c'est .......................... d'une heure.

15 minutes, c'est .......................... d'une heure.

20 minutes, c'est .......................... d'une heure.

180 minutes, c'est .......................... d'une heure.

Souviens-toi que 1 heure = 60 minutes.

## Problèmes

**4** En rentrant de l'école, Damien dit à Manon : « J'ai gagné beaucoup de billes aujourd'hui, j'en ai maintenant 24, c'est le double de ce que j'avais ce matin. » Manon lui répond : « Tu as bien de la chance. Il ne m'en reste que 4, c'est le tiers de ce que j'avais ce matin. »
**Combien Damien et Manon avaient-ils chacun de billes le matin ?**

*Phrase réponse* : ..............................................................................................

**5** Yannis a acheté un beau bouquet de 36 fleurs pour sa maman. La moitié des fleurs sont rouges, le tiers des fleurs sont jaunes. Les autres fleurs sont bleues.
**Combien y a-t-il de fleurs bleues dans le bouquet ?**

*Phrase réponse* : ..............................................................................................

## À toi de jouer !

**Complète ce jeu de nombres croisés.**

**Horizontalement**
A : triple de 8 / tiers de 39
B : moitié de 72 / double de 26
C : triple de 200
D : quadruple de 14
E : triple de 14 / moitié de 120

**Verticalement**
1 : double de 115
2 : moitié de 92 / double de 26
3 : triple de 22
4 : moitié de 300
5 : quadruple de 80

| | 1 | 2 | 3 | 4 | 5 |
|---|---|---|---|---|---|
| A | | | ■ | | |
| B | | | ■ | | |
| C | | ■ | | | |
| D | ■ | | | ■ | ■ |
| E | | | ■ | | |

Corrigés p. 135

# 7 Multiplier et diviser par 10, 100, 20, 500…

**JE COMPRENDS**

▸ Quand tu **multiplies** un nombre entier par **10** ou par **100**, chaque chiffre prend une valeur **10 fois** ou **100 fois** plus grande. Cela revient à **écrire un 0** ou **deux 0** à **droite** du nombre de départ.

**256 × 10 = 2 560**

| unités de mille | centaines | dizaines | unités |
|---|---|---|---|
| | 2 | 5 | 6 |
| 2 | 5 | 6 | 0 |

**50 × 100 = 5 000**

| unités de mille | centaines | dizaines | unités |
|---|---|---|---|
| | | 5 | 0 |
| 5 | 0 | 0 | 0 |

▸ Quand tu **divises** un nombre entier par **10** ou par **100**, c'est l'inverse : on **supprime un 0** ou **deux 0** au nombre de départ.

**2 560 : 10 = 256** **5 000 : 100 = 50**

▸ Quand tu **multiplies** un nombre entier par **20**, tu le multiplies d'abord par **2**, puis par **10.**

**23 × 20 = 23 × 2 × 10 = 46 × 10 = 460**

▸ Quand tu **divises** un nombre entier par **20**, tu le divises d'abord par **10**, puis par **2**.

**160 : 20 = 160 : 10 : 2 = 16 : 2 = 8**

▸ Quand tu **divises** un nombre entier par **500**, tu le divises d'abord par **100**, puis par **5**.

**1 500 : 500 = 1 500 : 100 : 5 = 15 : 5 = 3**

**CONSEILS PARENTS**

*Une source d'erreur fréquente se trouve dans les opérations du type 4 × 50 car certains enfants pensent que le résultat n'a qu'un seul 0 et écrivent 20 au lieu de 200. Pour éviter cela, aidez votre enfant à décomposer le calcul : 4 × 50 = 4 × 5 × 10.*

## Exercices

**1** Calcule.

4 × 10 = ..........
4 × 20 = ..........
4 × 50 = ..........
4 × 300 = ..........

12 × 10 = ..........
12 × 30 = ..........
12 × 100 = ..........
12 × 400 = ..........

25 × 10 = ..........
25 × 40 = ..........
25 × 200 = ..........
25 × 1 000 = ..........

80 × 10 = ..........
80 × 70 = ..........
80 × 90 = ..........
80 × 200 = ..........

☐ ☐ ☐

**2** Calcule.

60 : 10 = ..........
300 : 10 = ..........
1 500 : 10 = ..........
24 000 : 10 = ..........

60 : 20 = ..........
300 : 100 = ..........
1 500 : 50 = ..........
24 000 : 300 = ..........

60 : 30 = ..........
300 : 50 = ..........
1 500 : 300 = ..........
24 000 : 8 000 = ..........

☐ ☐ ☐

Tu peux vérifier chaque réponse en faisant une multiplication. Par exemple, 50 : 10 = 5 a pour vérification 10 × 5 = 50.

**3** **Complète.**

**Pour obtenir 1 200, il faut :** multiplier 12 par .......... ou multiplier 60 par ..........

**Pour obtenir 250, il faut :** diviser 25 000 par .......... ou diviser 5 000 par ..........

**Pour obtenir 600, il faut :** multiplier 60 par .......... ou diviser 12 000 par ..........

## Problèmes

**4** Le coffre d'une banque contient 12 billets de 500 €, 25 billets de 200 € et 10 billets de 100 €.
**Quelle somme d'argent totale contient ce coffre ?**

*Phrase réponse :* ..............................................................................................

..............................................................................................

**5** Raph a noté les distances approximatives, à vol d'oiseau, entre Paris et plusieurs grandes villes du monde. Il veut représenter ces distances par des fils qu'il tendra sur le sol de sa chambre. Pour passer des distances réelles en km aux longueurs des fils en cm, il décide de diviser tous les nombres par 200.
**Complète le tableau qu'il a commencé à réaliser.**

| | Berlin | Moscou | Rio de Janeiro | Tokyo | Sydney |
|---|---|---|---|---|---|
| Distances en km | 800 | 2 400 | 9 000 | 10 000 | 18 000 |
| Longueurs des fils en cm | | | | | |

## À toi de jouer !

Notre amie la chouette rentre dans ce labyrinthe de nombres par la case 50. Elle veut gagner la sortie. Pour cela, elle ne peut passer d'une case à une case voisine qu'en multipliant le nombre qu'elle contient par 200 ou en le divisant par 50.
**Colorie le chemin que la chouette peut suivre.**

| 50 | 10 000 | 20 000 | 4 000 | 80 | 16 |
|---|---|---|---|---|---|
| 1 000 | 200 | 4 | 800 | 16 000 | 3 200 |
| 20 | 4 000 | 8 000 | 16 | 32 000 | 64 |
| 4 | 800 | 80 000 | 3 200 | 64 | 128 |
| 800 | 16 | 160 | 32 000 | 12 800 | 256 |
| | | | | | sortie |

Comme dans un vrai labyrinthe, il se peut que tu tombes sur une impasse. Il faut alors revenir en arrière pour trouver un autre chemin.

Corrigés p. 135-136

.... .... ....

# 8 Multiplication : calcul réfléchi

**JE COMPRENDS**

Lorsqu'un calcul te semble difficile, tu dois réfléchir pour le rendre plus simple.

- **14 × 5** peut te sembler difficile. Observe trois façons de le rendre plus simple :

**1re méthode** : **14 = 10 + 4** — **5 × 14**, c'est donc **5 × 10 + 5 × 4** ou encore **50 + 20 = 70**

**2e méthode** : **14 = 7 × 2** — donc **14 × 5 = 7 × 2 × 5 = 7 × 10 = 70**

**3e méthode** : **5**, c'est la moitié de **10**, donc **14 × 5**, c'est la moitié de **14 × 10**, donc la moitié de **140**. C'est donc **70**.

- **15 × 12** peut te sembler difficile. Observe deux façons de le rendre plus simple :

**1re méthode** : **12 = 10 + 2** — **12 × 15**, c'est donc **10 × 15 + 2 × 15** ou encore **150 + 30 = 180**

**2e méthode** : **12 = 2 × 6** donc **15 × 12 = 15 × 2 × 6 = 30 × 6 = 180**

**CONSEILS PARENTS**

*La diversité des suggestions de calculs de l'encadré peut « dérouter » votre enfant au lieu de l'aider. Faire l'exercice 1 avec lui peut vous permettre d'identifier, selon les multiplications, la façon de calculer qui semble lui convenir le mieux.*

## Exercices

**1** ★ **Calcule chaque produit de deux façons différentes en utilisant les suggestions qui te sont proposées.**

**15 × 4**
- 15 = 10 + 5 donc **4 × 15** c'est 4 × 10 + ........................................
- 4 = 2 × 2 donc **15 × 4** = 15 × 2 × 2 = ........................................

**18 × 5**
- 18 = 10 + 8 donc **5 × 18** c'est 5 × 10 + ........................................
- 5 c'est la moitié de 10 donc **18 × 5** c'est la moitié de ........................ ........................................

**12 × 9**
- 12 = 10 + 2 donc **9 × 12** c'est 9 × 10 + ........................................
- 9 = 10 − 1 donc **9 × 12** c'est 10 × 12 − ........................................ ........................................

**25 × 11**
- 25 = 20 + 5 donc **25 × 11** c'est 20 × 11 + ........................................
- 11 = 10 + 1 donc **25 × 11** c'est 25 × 10 + ........................................ ........................................

☐ ☐ ☐

**2** ★★ **Calcule.**

| | | |
|---|---|---|
| 15 × 5 = ................ | 15 × 4 = ................ | 15 × 9 = ................ |
| 25 × 4 = ................ | 25 × 9 = ................ | 25 × 11 = ................ |

11 × 9 = ................ 11 × 11 = ................ 11 × 45 = ................

16 × 11 = ................ 16 × 5 = ................ 16 × 4 = ................

**3** **Complète.**

12 × 4 = ................ 31 × 4 = ................ 101 × 4 = ................

26 × 4 = ................ 19 × 4 = ................ 39 × 4 = ................

202 × 4 = ................ 65 × 4 = ................ 105 × 4 = ................

215 × 4 = ................ 99 × 4 = ................ 310 × 4 = ................

Tu dois trouver les réponses mentalement, donc sans poser les opérations.

## Problèmes

**4** Pour connaître la fréquentation d'un parking, ses responsables décident de relever le nombre de voitures stationnées toutes les heures de 9 h à midi. Ils font les constats suivants.

- À 9 h, il y a 45 voitures dans le parking.
- À 10 h, il y en a 4 fois plus qu'à 9 h.
- À 11 h, il y en a 3 fois moins qu'à 10 h.
- À midi, le parking est plein. Il y a 5 fois plus de voitures qu'à 11 h.

**Complète ce tableau.**

| Heures | 9 h | 10 h | 11 h | 12 h |
|---|---|---|---|---|
| Nombre de voitures | 45 | | | |

**5** Loïc est collectionneur de timbres. Il possède 56 timbres français.
Il a 4 fois moins de timbres anglais et 3 fois plus de timbres asiatiques que de timbres français.
**Combien a-t-il de timbres anglais ? Combien de timbres asiatiques ?**

................................................................................

**Combien a-t-il de timbres au total ?**

................................................................................

N'hésite pas à essayer des nombres pour vérifier si le résultat de la multiplication par 12 vérifie les 3 conditions énoncées.

## À toi de jouer !

Je suis un nombre qui s'écrit avec deux chiffres. Si on me multiplie par 12, le résultat est formé de 3 chiffres.
Le chiffre des unités de ce résultat est 0.
Le chiffre des centaines de ce résultat est mon chiffre des unités.
Le chiffre des dizaines de ce résultat est le même que le mien.

**Qui suis-je ?**

Corrigés p. 136

.... .... ....

# 9 Division : calcul réfléchi

**JE COMPRENDS**

Comme pour la multiplication, lorsqu'un calcul te semble difficile, tu dois réfléchir pour le rendre plus simple.

- **75 divisé par 5** peut te sembler difficile. Observe cette façon de le rendre plus simple :
tu décomposes 75 en une somme de nombres faciles à diviser par 5.
**75 = 50 + 25** 75 divisé par 5, c'est **50 divisé par 5 plus 25 divisé par 5**, c'est **10 + 5 = 15**

- **60 divisé par 4** peut te sembler difficile. Observe ces 2 façons de le rendre plus simple.
**1re méthode** : tu décomposes 60 en une somme de nombres faciles à diviser par 4.
**60 = 40 + 20** 60 divisé par 4, c'est **40 divisé par 4 plus 20 divisé par 4**, c'est **10 + 5 = 15**
**2e méthode** : comme **4 = 2 × 2**, pour diviser par 4, tu divises 60 par 2 (ce qui donne 30), puis 30 par 2, ce qui donne **15**.

**CONSEILS PARENTS**

*Les calculs de divisions sont plus difficiles et demandent une « gymnastique mentale » particulière. Vous pouvez donc relire l'encadré ci-contre avec votre enfant puis faire un exercice d'application avec lui (le n° 1 par exemple).*

## Exercices

**1** **Calcule chaque produit de deux façons différentes.**

**65 divisé par 5** — 65 = 50 + 15 donc **65 divisé par 5**, c'est 50 divisé par 5 plus 15 divisé par 5, c'est …………… + …………… = ……………

**56 divisé par 4**
- 56 = 40 + 16 donc **56 divisé par 4**, c'est ……………………………………………
- Comme 2 × 2 = 4, **56 divisé par 4**, c'est 56 divisé par 2 (ce qui fait ……………), puis ……………………

**96 divisé par 6**
- 96 = 60 + 36 donc **96 divisé par 6**, c'est ……………………………………………
- Comme 3 × 2 = 6, **96 divisé par 6**, c'est 96 divisé par 3 (ce qui fait ……………), puis ……………………

**2** **Calcule.**

60 divisé par 5 = ……………………
84 divisé par 7 = ……………………
104 divisé par 4 = ……………………
64 divisé par 4 = ……………………
80 divisé par 5 = ……………………
714 divisé par 7 = ……………………

Pour les exercices 2 et 3, comme dans le chapitre 8, tu dois trouver les réponses mentalement, donc sans poser les opérations.

**3** **Calcule le quotient et le reste.**

| | 54 divisé par 4 | 68 divisé par 5 | 74 divisé par 6 | 90 divisé par 8 |
|---|---|---|---|---|
| Quotient | | | | |
| Reste | | | | |

## Problèmes

**4** Pour l'achat de 4 livres de la collection « Planète », Alex a payé 68 €.
Pour l'achat de 5 livres de la collection « Danse », Lili a payé 80 €.
**Un livre de la collection « Planète » est-il plus cher ou moins cher qu'un livre de la collection « Danse » ?**

*Phrase réponse* : ............................................................................................

Dans la réponse, précise le prix de chacun des livres.

**5** Anna collectionne les images d'oiseaux. Elle en a déjà 160.
Le quart de ces images sont des images de perroquets.
**Combien a-t-elle d'images de perroquets ?**

*Phrase réponse* : ............................................................................................

Loïc vient de commencer une collection d'images d'oiseaux. Mais il est loin d'en avoir autant qu'Anna. Elle en a 5 fois plus que Loïc.
**Combien Loïc a-t-il d'images d'oiseaux ?**

*Phrase réponse* : ............................................................................................

La moitié des images de Loïc sont des images de perroquets.
**Combien a-t-il d'images de perroquets ?**

*Phrase réponse* : ............................................................................................

## À toi de jouer !

Notre amie la chouette rentre dans un nouveau labyrinthe de nombres par la case 128.
Elle veut gagner la sortie. Pour cela, elle ne peut passer d'une case à une case voisine qu'en multipliant le nombre qu'elle contient par 6 ou en le divisant par 4.
**Colorie le chemin que la chouette peut suivre.**

| | | | | | |
|---|---|---|---|---|---|
| 128 | 36 | 9 | 36 | 216 | 252 |
| 32 | 192 | 54 | 216 | 84 | 42 |
| 182 | 48 | 288 | 72 | 432 | 108 |
| 48 | 248 | 82 | 18 | 108 | 27 |
| 288 | 62 | 192 | 90 | 180 | 162 |
| | | | | | sortie |

Corrigés p. 136

.... .... ....

# 10 Calcul avec plusieurs opérations

## JE COMPRENDS

▸ Si tu dois effectuer une suite de calculs, regarde bien s'il y a des parenthèses.

Si c'est le cas, **il faut d'abord effectuer les calculs entre parenthèses**.

**37 − (8 + 2) − (4 × 4) = 37 − 10 − 16 = 27 − 16 = 11**

▸ S'il n'y a pas de parenthèses, **il faut d'abord effectuer les multiplications et les divisions**, puis faire les calculs dans l'ordre, de gauche à droite.

**37 − 8 + 2 − 4 × 4** On calcule d'abord **4 × 4 = 16**.

Donc : **37 − 8 + 2 − 4 × 4 = 37 − 8 + 2 − 16**
**= 29 + 2 − 16**
**= 31 − 16 = 15**

Tu remarques que le calcul avec les parenthèses ne donne pas le même résultat que le calcul sans parenthèses.

**CONSEILS PARENTS**

*Pour l'exercice 2, si votre enfant utilise une calculatrice pour vérifier ses résultats, assurez-vous qu'elle respecte les mêmes règles de calcul que celles écrites dans l'encadré.*

## Exercices

**1** ★ **Calcule.**

(3 + 7) × 2 = ..............................

100 − (10 × 5) = ..............................

3 + (7 × 2) = ..............................

(100 − 10) × 5 = ..............................

(7 × 5) + 6 = ..............................

(12 + 8) × (7 − 4) = ..............................

7 × (5 + 6) = ..............................

12 + (8 × 7) − 4 = ..............................

☐ ☐ ☐

**2** ★★ **Calcule.**

54 − 8 × 5 = ..............................

12 × 5 − 5 × 8 = ..............................

6 × 8 × 5 = ..............................

12 × 5 + 5 × 8 = ..............................

56 + 14 − 20 + 15 = ..............................

18 × 10 − 25 − 35 = ..............................

☐ ☐ ☐

Si tu penses que cela t'aidera, tu peux d'abord placer des parenthèses pour mieux savoir dans quel ordre tu dois faire les calculs.

**3** ★★★ **Place des nombres dans ce moule à calculs pour obtenir 64 de trois façons différentes. Exemple : (8 × 5) + 24 = 64**

(...... × ......) + ...... = 64

(...... × ......) + ...... = 64

(...... × ......) + ...... = 64

**Place des nombres dans ce moule à calculs pour obtenir 32 de trois façons différentes. Exemple : (10 − 2) × 4 = 32**

(...... − ......) × ...... = 32

(...... − ......) × ...... = 32

(...... − ......) × ...... = 32

☐ ☐ ☐

## Problèmes

**4** Pour la bibliothèque de l'école, le directeur achète 8 romans qui valent chacun 15 € et 5 bandes dessinées qui valent 12 € chacune.
Il paie avec un billet de 200 €.
**Quelle somme d'argent le libraire doit-il lui rendre ?**
Écris en ligne une suite de calculs qui permet d'obtenir la réponse.

.....................................................................................

*Phrase réponse* : ..........................................................................

☐ ☐ ☐

**5** Le responsable d'un magasin de jouets reçoit 10 colis identiques.
Dans chaque colis, il y a 12 petites voitures, 5 trains électriques et 25 poupées.
**Deux des calculs suivants permettent de trouver combien de jouets il a reçus en tout. Entoure-les.**

$10 + 12 + 5 + 25$ $(10 \times 12) + (5 \times 25)$ $10 \times (12 + 5 + 25)$

$(10 \times 12) + (10 \times 5) + (10 \times 25)$

Puis effectue un de ces calculs pour trouver combien de jouets il a reçus en tout.

.....................................................................................

.....................................................................................

*Phrase réponse* : ..........................................................................

☐ ☐ ☐

## À toi de jouer !

**Le compte est bon !**

Les résultats que tu dois trouver :

130 65 208

Les nombres que tu peux utiliser : **2** **5** **8** **10** **15**

Les opérations que tu peux utiliser : (+) (−) (x)

Tu peux aussi utiliser des parenthèses.

Pour chaque résultat, tu ne peux pas utiliser plusieurs fois le même nombre, mais tu peux utiliser plusieurs fois la même opération.

*Exemple* : **30** $(5 - 2) \times 10 = 30$

**130** .....................................................................................

**65** .....................................................................................

**208** .....................................................................................

Pour le premier résultat, tu peux obtenir 130 en utilisant les nombres 2, 10 et 15.

Corrigés p. 137

☐ .... ☐ .... ☐ ....

# 11 Proportionnalité

## JE COMPRENDS

Cette tour a une hauteur de 5 cm.

Cette tour contient **2 fois plus** de cubes que la première.
Elle est donc **2 fois plus haute**. Sa hauteur est de 10 cm.

Cette tour contient **3 fois plus** de cubes que la première.
Elle est donc **3 fois plus haute**. Sa hauteur est de 15 cm.

On dit qu'il y a **proportionnalité** entre la hauteur des tours et le nombre de cubes qu'elles comportent.

**CONSEILS PARENTS**

*L'apprentissage de la proportionnalité est difficile pour les élèves, surtout au CM1. Si votre enfant ne parvient pas à répondre à certaines questions, proposez-lui de les reprendre lorsqu'il sera au CM2.*

*Pour le problème 3, vous pouvez matérialiser les cahiers par des cubes (comme dans l'exemple de l'encadré ci-contre) pour reprendre un raisonnement du même type (8 cahiers/cubes = 6 €, 16 cahiers/cubes = 2 fois plus cher donc 12 €, etc.).*

## Problèmes

★ **1** **Une pile de 6 livres identiques mesure 8 cm de haut.**

Quelle est la hauteur d'une pile de 12 livres identiques ?

.....................................................................................................

Quelle est la hauteur d'une pile de 3 livres identiques ?

.....................................................................................................

□ □ □

★★ **2** **Ce paquet de 12 feuilles pèse 50 g.**

Combien pèse un paquet de 24 feuilles ? ..................

Combien pèse un paquet de 48 feuilles ? ..................

Combien pèse un paquet de 6 feuilles ? ..................

Combien pèse un paquet de 3 feuilles ? ..................

Combien pèse un paquet de 9 feuilles ? ..................

Combien pèse un paquet de 18 feuilles ? ..................

Combien pèse un paquet de 15 feuilles ? ..................

□ □ □

Essaye de trouver les relations entre les nombres 12 et 24, 12 et 48, 12 et 6, etc. avant de calculer le poids correspondant.

**3** **Observe le dessin et complète.**

Quel est le prix de 16 cahiers ? ..........................

Quel est le prix de 24 cahiers ? ..........................

Quel est le prix de 4 cahiers ? ..........................

Quel est le prix de 40 cahiers ? ..........................

Quel est le prix de 20 cahiers ? ..........................

**4** **Jean a payé 4 pneus. Combien en a-t-il emporté ?**

*Phrase réponse* : ..........................................

**Un garagiste a besoin de 18 pneus.**
**Combien de pneus va-t-il payer ?**

*Phrase réponse* : ..........................................

Promotion sur les pneus
de la marque « Ça roule » !
2 pneus payés
=
3 pneus emportés !

**5** Pour son anniversaire, Quentin doit acheter 9 bouteilles de jus d'orange.
**Que doit-il acheter pour payer le moins cher possible ?**
**Combien cela va-t-il lui coûter ?**

*Phrase réponse* : ..................................

..........................................................................................

**La quinzaine du jus d'orange !**
La bouteille : 2,50 €
Le pack de 3 bouteilles : 6 €
Le carton de 6 bouteilles : 10 €

Un client sort du magasin avec 35 bouteilles de jus d'orange dans son chariot. Il a fait son achat en cherchant à payer le moins cher possible.

**Qu'a-t-il pris pour payer le moins cher possible ?** ..........................................

..........................................................................................

**Combien a-t-il payé ?** ..........................................................

..........................................................................................

## À toi de jouer !

M. Fruitix a préparé des barquettes de pêches pour ses clients. Il a demandé à son fils Ludo de fabriquer des étiquettes, une pour chaque barquette. Toutes les pêches sont vendues au même prix.
M. Fruitix dit à son fils : « Attention, deux de tes étiquettes sont fausses. Le prix indiqué n'est pas correct. »
**Trouve quelles étiquettes sont fausses et explique pourquoi.**

Corrigés p. 137

# 12 Addition et soustraction de nombres décimaux

**JE COMPRENDS**

Pour bien calculer sur les nombres décimaux, tu dois d'abord te souvenir de ce que vaut chaque chiffre.

- **2,5** c'est **2 unités** et **5 dixièmes**. **2,05** c'est **2 unités** et **5 centièmes**.

Tu dois aussi savoir que : 10 dixièmes = 1 unité
10 centièmes = 1 dixième
100 centièmes = 1 unité.

- **2,4 + 0,6** c'est **2 unités** et **4 dixièmes** plus **6 dixièmes**
c'est donc **2 unités** plus **10 dixièmes**
c'est donc **2 unités** plus **1 unité**

> 2,4 + 0,6 **n'est pas égal** à 2,10
> 2,4 + 0,6 **est égal** à 3

- **1,5 – 0,6** c'est **1 unité** et **5 dixièmes** moins **6 dixièmes**
c'est **10 dixièmes** et **5 dixièmes** moins **6 dixièmes**
c'est donc **15 dixièmes** moins **6 dixièmes** donc **9 dixièmes**

> 1,5 – 0,6 **est égal** à 0,9

**CONSEILS PARENTS**

*Le nombre décimal est une notion nouvelle au CM1. Si votre enfant fait des erreurs, il ne faut pas qu'il se décourage. Incitez-le à recommencer les exercices.*

## Exercices

**1** **Complète ces suites de nombres.**

- En avançant de 0,1 en 0,1

| 2,5 | 2,6 | | | | | | | | | | |
|---|---|---|---|---|---|---|---|---|---|---|---|

- En avançant de 0,01 en 0,01

| 0,57 | 0,58 | | | | | | | | | | |
|---|---|---|---|---|---|---|---|---|---|---|---|

- En avançant de 0,2 en 0,2

| 0,45 | 0,65 | | | | | | | | | | |
|---|---|---|---|---|---|---|---|---|---|---|---|

- En reculant de 0,5 en 0,5

| 5,7 | 5,2 | | | | | | | | | | |
|---|---|---|---|---|---|---|---|---|---|---|---|

Pour les exercices 1 à 3, tu peux utiliser une calculatrice afin de vérifier tes réponses.

**2** **Trouve la règle qui permet de réaliser ces suites et complète-les.**

| | | | | 6,5 | 6,7 | 6,9 | | | | | |
|---|---|---|---|---|---|---|---|---|---|---|---|
| | | | 4,02 | 4,04 | 4,06 | | | | | | |

**3** **Calcule.**

| | | | |
|---|---|---|---|
| 0,4 + 0,5 = ........ | 2,7 + 0,2 = ........ | 4,5 – 0,3 = ........ | 5 – 0,5 = ........ |
| 0,4 + 0,6 = ........ | 2,7 + 0,5 = ........ | 4,5 – 2,3 = ........ | 5 – 0,9 = ........ |
| 0,4 + 0,9 = ........ | 2,7 + 1,3 = ........ | 4,5 – 0,9 = ........ | 5 – 4,5 = ........ |
| 0,4 + 2,6 = ........ | 2,7 + 2,7 = ........ | 4,5 – 1,9 = ........ | 5 – 2,6 = ........ |

## Problèmes

**4** Yassin achète deux stylos, une gomme et une ramette de papier. Il paie avec un billet de 10 €.
**Quelle somme d'argent le vendeur doit-il lui rendre ?**

*Phrase réponse* : ..................................................................

..................................................................................

**5** Arthur monte sur une balance avec son chien et son chat dans les bras. La balance affiche exactement 52 kg. Arthur se souvient qu'il pèse 35,9 kg et que son chien pèse 12,5 kg.
**Quel est le poids du chat ?**

*Phrase réponse* : ..................................................................

## À toi de jouer !

Tom avait réalisé une pyramide de boîtes. Une boîte placée sur deux autres boîtes portait un nombre égal à la somme des nombres écrits sur ces deux boîtes.
La chouette a renversé la montagne de boîtes. Il n'en reste que trois à leur place.
Les autres sont à côté.
**Retrouve la place de chaque boîte en écrivant le nombre qu'elle portait dans la pyramide.**

Commence par trouver la boîte qui doit être placée tout en haut de la pyramide.

Corrigés p. 137

# 13 Double et moitié d'un nombre décimal

**JE COMPRENDS**

▸ Pour trouver le **double** d'un nombre décimal, il suffit de savoir calculer des additions.

**Quel est le double de 1,6 ? 1,6 + 1,6 = 3,2** Le double de 1,6 est **3,2**.

▸ Pour trouver la **moitié** d'un nombre décimal, tu cherches de quel nombre il est le double.

**Quelle est la moitié de 3,2 ?** c'est **1,6** car 3,2 est le double de 1,6.

**1,6** —double→ **3,2**
**1,6** ←moitié— **3,2**

**CONSEILS PARENTS**

*Proposez à votre enfant de vérifier les exercices de ce chapitre avec une calculatrice, en multipliant par 2 pour les doubles et en divisant par 2 pour les moitiés.*

## Exercices

**★ 1 Complète.**

**Quel est le double :**

de 0,3 ? ........ de 3,5 ? ........ de 2,7 ? ........ de 0,25 ? ........

**Quelle est la moitié :**

de 4,2 ? ........ de 3 ? ........ de 1,2 ? ........ de 0,3 ? ........

☐ ☐ ☐

**★★ 2 Entoure la bonne réponse.**

| | | | |
|---|---|---|---|
| Le double de 4,5 est : | 8,10 | 8,5 | 9 |
| Le double de 0,35 est : | 7 | 0,7 | 7,1 |
| Le double de 3,52 est : | 7,04 | 6,104 | 6,04 |
| La moitié de 7 est : | 3 | 3,5 | 3,05 |
| La moitié de 3,3 est : | 1,5 | 1,15 | 1,65 |

☐ ☐ ☐

**★★ 3 Remplis les cases en suivant les indications :**

3,15 —double→ ...... —double→ ...... —double→ ...... —double→ ......

2,4 —moitié→ ...... —moitié→ ...... —moitié→ ...... —moitié→ ......

5,6 —moitié→ ...... —moitié→ ...... —moitié→ ...... —moitié→ ......

☐ ☐ ☐

Lis avec attention les phrases avant de répondre.

**4** **Vrai ou faux ? Lorsque c'est faux, corrige.**

| | vrai | faux / bonne réponse |
|---|---|---|
| Le double du double de 7,8 est égal à 31,2. | | |
| La moitié du double de 5,7 est égale à 5,52. | | |
| Le double de la moitié de 0,5 est égal à 0,5. | | |
| La moitié de la moitié de 6,2 est égale à 1,6. | | |

## Problèmes

**5** Un tigre mange environ 27,5 kg de viande par jour.
**Quelle quantité de viande est nécessaire pour nourrir un tigre pendant 2 jours ? Pendant 4 jours ?**

*Phrase réponse* : ..........................................................................................

**6** Camille dit à sa petite sœur Louise : « Je suis deux fois plus lourde que toi. » Camille pèse 41 kilos.
**Quel est le poids de Louise ?**

*Phrase réponse* : ..........................................................................................

## À toi de jouer !

Commence par compléter toutes les cases qui sont sur la même ligne que la case jaune.

Dans cette pyramide, le nombre indiqué sur une brique est égal à la somme des nombres indiqués sur les 2 briques qui sont en dessous d'elle.

**À toi de remplir cette pyramide avec ces deux indices :**
- Sur une même ligne, toutes les cases contiennent le même nombre.
- La case jaune contient le nombre décimal **50,4.**

Corrigés p. 137-138

.... .... ....

# 14 Estimation de sommes et de différences

**JE COMPRENDS**

Pour obtenir le résultat approché d'une **somme** ou d'une **différence**, tu peux remplacer chaque terme de cette somme ou de cette différence par des nombres voisins multiples de **10**, de **100**...

- Pour avoir une valeur approchée de la somme **1 089 + 3 025 + 965**
  – tu peux remplacer **1 089** par **1 000** **3 025** par **3 000** **965** par **1 000**
  – tu calcules alors **1 000 + 3 000 + 1 000 = 5 000**.
  **5 000** est une valeur approchée de **1 089 + 3 025 + 965.**
- Pour avoir une valeur approchée de la différence **3 537 – 1 498**
  – tu peux remplacer **3 537** par **3 500** et **1 498** par **1 500**
  – tu calcules alors **3 500 – 1 500 = 2 000**.
  **2 000** est une valeur approchée de **3 537 – 1 498**.

**CONSEILS PARENTS**

*Le calcul approché est également une notion nouvelle au CM1. Si votre enfant se trouve un peu déconcerté par les questions des exercices et des problèmes, aidez-le en le guidant pour les arrondis.*
*Par exemple pour l'exercice 2, vous pouvez lui conseiller d'arrondir chaque terme du calcul à la centaine la plus proche.*

## Exercices

★ **1** **Entoure le nombre le plus proche de chaque nombre donné.**

| | | | |
|---|---|---|---|
| 87 | 80 | 90 | 100 |
| 678 | 500 | 600 | 700 |
| 4 052 | 3 900 | 4 000 | 4 100 |
| 4 793 | 4 000 | 5 000 | 6 000 |
| 4 793 | 4 700 | 4 800 | 4 900 |
| 20 875 | 20 000 | 21 000 | 19 000 |
| 20 875 | 20 800 | 21 000 | 20 900 |

★★ **2** **Calcule une valeur approchée de ces sommes et de ces différences.**

498 + 309 → valeur approchée ..........................................

903 – 690 → valeur approchée ..........................................

1 285 + 688 → valeur approchée ..........................................

3 687 – 1 316 → valeur approchée ..........................................

759 + 448 → valeur approchée ..........................................

2 289 – 313 → valeur approchée ..........................................

912 + 2 098 + 1 895 → valeur approchée ..........................................

15 579 – 988 → valeur approchée ..........................................

**3** **Pour chaque calcul, entoure le nombre qui est le plus proche du résultat.**

| | | | |
|---|---|---|---|
| 689 + 32 | 900 | 800 | 700 |
| 418 + 289 | 600 | 700 | 800 |
| 2 036 + 578 + 1 215 | 3 700 | 3 800 | 3 900 |
| 683 – 108 | 500 | 600 | 700 |
| 4 025 – 2 967 | 1 000 | 1 500 | 2 000 |

Avant de trouver le nombre qui est le plus proche du résultat, arrondis chaque terme dans les opérations.

## Problèmes

**4** Cécile achète un téléviseur, un lecteur de DVD et des enceintes.
**Quelle somme approximative devra-t-elle payer ?**
**Réponds en calculant mentalement.**

*Phrase réponse :* ..........................................

..........................................

Il y a plusieurs réponses possibles. Ici, tu peux chercher comme estimation un nombre qui se termine par 00.

**5** Un élève doit estimer le prix total de plusieurs lots d'objets. Trouve chaque fois la meilleure estimation, en t'aidant de la précision indiquée.

| | Lot n° 1 | Lot n° 2 | Lot n° 3 |
|---|---|---|---|
| Prix des objets | 98 € 217 € 112 € 498 € | 39 € 67 € 4 € 96 € | 1 028 € 986 € 4 032 € 2 798 € |
| Estimation | Le nombre se termine par 00. ........ | Le nombre se termine par 00. ........ | Le nombre se termine par 000. ........ |

## À toi de jouer !

Le 14 octobre 2012, l'Autrichien Félix Baumgartner a réalisé un véritable exploit : il est devenu le premier homme à franchir le mur du son en chute libre. Pour cela, il a sauté d'une altitude approximativement 8 fois plus élevée que le point culminant du massif du Mont-Blanc. Au cours de sa chute, il a atteint environ le quadruple de la vitesse moyenne du TGV.
**Approximativement, essaie de trouver :**

- de quelle altitude Félix Baumgartner a sauté : ..........................................
- quelle vitesse il a atteint : ..........................................

*Précisions* : Hauteur du mont Blanc : 4 810 m – Vitesse moyenne du TGV : 320 km/heure

Corrigés p. 138

# Le plus possible de produits

| 0 | 1 | 2 | 3 | 4 | 5 | 6 | 7 | 8 | 9 |
|---|---|---|---|---|---|---|---|---|---|
| 10 | 11 | 12 | 13 | 14 | 15 | 16 | 17 | 18 | 19 |
| 20 | 21 | 22 | 23 | 24 | 25 | 26 | 27 | 28 | 29 |
| 30 | 31 | 32 | 33 | 34 | 35 | 36 | 37 | 38 | 39 |
| 40 | 41 | 42 | 43 | 44 | 45 | 46 | 47 | 48 | 49 |
| 50 | 51 | 52 | 53 | 54 | 55 | 56 | 57 | 58 | 59 |
| 60 | 61 | 62 | 63 | 64 | 65 | 66 | 67 | 68 | 69 |
| 70 | 71 | 72 | 73 | 74 | 75 | 76 | 77 | 78 | 79 |
| 80 | 81 | 82 | 83 | 84 | 85 | 86 | 87 | 88 | 89 |
| 90 | 91 | 92 | 93 | 94 | 95 | 96 | 97 | 98 | 99 |

**Nombre de joueurs** : 2 ou plus.

**Matériel** : le tableau des nombres de 0 à 99.
12 petits jetons.
Une feuille de papier et un crayon par joueur, avec dans un coin un petit tableau comme celui-ci.

| Points gagnés | Points perdus |
|---|---|
| ............... | ............... |

**But du jeu** : trouver le plus possible de produits de 2 nombres entiers, chaque produit devant être égal à un nombre choisi dans le tableau.

**Déroulement du jeu** :
– À tour de rôle, chaque joueur pose un pion sur une case du tableau qui ne contient pas déjà un pion. Le pion est laissé sur la case pendant toute la partie.
– Chaque joueur écrit alors le plus possible de produits de 2 nombres entiers, chaque produit devant être égal au nombre situé sur cette case.
– Lorsqu'un joueur pense avoir trouvé tous les produits possibles, il dit « STOP » et tous les joueurs s'arrêtent d'écrire.
– Les produits écrits par chaque joueur peuvent être vérifiés à l'aide d'une calculatrice, en cas de doute.
– Chaque produit correct rapporte un point, chaque produit incorrect en fait perdre un. Après chaque coup, le nombre de points gagnés et perdus sont notés dans le tableau.

**Comptage des points** :
À la fin du jeu, on compte les points de la manière suivante :
– chaque joueur ajoute tous les points gagnés d'une part et tous les points perdus d'autre part ;
– il soustrait le nombre de points perdus du nombre de points gagnés ;
– si le nombre de points perdus est plus grand que le nombre de points gagnés, le joueur marque 0 point.
Le gagnant est celui qui totalise le plus de points.

**Exemple de début de partie :**
Le pion est placé sur **6**. Les produits possibles sont $1 \times 6$, $2 \times 3$, $3 \times 2$, $6 \times 1$.

# Sommaire CM2

Reporte la date à laquelle tu as fini chaque chapitre et coche la case ☐☐☐ qui correspond à ton résultat.

# 1 Les millions

**JE COMPRENDS**

Le tableau de numération ci-dessous permet de lire des grands nombres. **Millions**, **milliers** et **unités simples** sont les classes. **Pour lire ces grands nombres**, tu lis chaque classe en commençant par celle de gauche. **Pour les écrire**, tu dois regrouper les chiffres par trois en partant de la droite avec un espace entre chaque classe.

| millions | | | milliers | | | unités simples | | |
|---|---|---|---|---|---|---|---|---|
| c | d | u | c | d | u | c | d | u |
| | | 6 | 2 | 3 | 1 | 7 | 4 | 8 |
| | 6 | 2 | 0 | 1 | 7 | 4 | 8 | 9 |

- Le nombre **6 231 748** se lit **6 millions 231 mille 748**. Il est composé de : 6 unités de million, 2 centaines de mille, 3 dizaines de mille, 1 unité de mille, 7 centaines, 4 dizaines et 8 unités. 6 231 748 c'est aussi 6 231 748 unités.
6 231 748 = (6 × 1 000 000) + (2 × 100 000) + (3 × 10 000) + (1 × 1 000) + (7 × 100) + (4 × 10) + 8
6 231 748 = (6 × 1 000 000) + (231 × 1 000) + 748

- Le nombre **62 017 489** se lit **62 millions 17 mille 489**. Il est composé de : 6 dizaines de million, 2 unités de million, 1 dizaine de mille, 7 unités de mille, 4 centaines, 8 dizaines et 9 unités. 62 017 489 c'est aussi 62 017 489 unités.
62 017 489 = (6 × 10 000 000) + (2 × 1 000 000) + (1 × 10 000) + (7 × 1 000) + (4 × 100) + (8 × 10) + 9
62 017 489 = (62 × 1 000 000) + (17 × 1000) + 489

**CONSEILS PARENTS**

*Conseillez à votre enfant d'utiliser un tableau de numération (comme dans l'encadré ci-contre) chaque fois qu'il rencontre des difficultés de lecture ou d'écriture de grands nombres.*

## Exercices

**1** ★ **Recopie chaque nombre en séparant les classes des unités simples, des milliers et des millions.**

12365474 – 1508745 – 564781250 – 200540680 – 74081205

..........................................................................................

**2** ★ **Demande à quelqu'un de plus grand que toi de te dicter 5 grands nombres de 7, 8 ou 9 chiffres.**

..........................................................................................

**3** ★★ **Écris ces nombres dans l'ordre croissant.**

4 999 999 – 40 000 000 – 99 999 999 – 49 999 999 – 400 000 000 – 400 000 001 – 99 999 909 – 50 000 000 – 410 000 100

..........................................................................................

..........................................................................................

Souviens-toi que les chiffres les plus à gauche ont la plus grande valeur. Pour t'aider, tu peux écrire les nombres les uns sous les autres en alignant les unités sous les unités, les dizaines sous les dizaines, etc.

**4** **Écris en chiffres le nombre correspondant.**

**Exemple : 3 dizaines de millions, 5 unités de millions, 4 unités de mille, 3 centaines : 35 004 300**

3 unités de millions, 1 centaine de mille, 8 dizaines et 8 unités :

.......................................................................................................

4 dizaines de millions, 4 centaines et 9 unités : ......................................................

5 centaines de millions, 5 centaines de mille, 5 centaines et 5 unités :

.......................................................................................................

**5** **Décompose comme dans l'exemple :**

**Exemple : 1 248 000 = 1 000 000 + 200 000 + 40 000 + 8 000**

314 000 654 = .........................................................................................

12 451 548 = ..........................................................................................

10 000 002 = ..........................................................................................

99 999 999 = ..........................................................................................

## Problèmes

**6** Ce tableau indique le nombre d'habitants à Paris de **1968** à **2011**.

| 1968 | 1975 | 1982 | 1990 | 1999 | 2006 | 2011 |
|---|---|---|---|---|---|---|
| 2 590 771 | 2 299 830 | 2 176 243 | 2 152 423 | 2 125 246 | 2 181 371 | 2 249 975 |

**Range les années dans l'ordre décroissant de population.**

.......................................................................................................

**7** **Écris le plus petit nombre et le plus grand nombre que tu peux former avec les chiffres 1, 2, 3, 4, 5, 6, 7, 8 et 9 en les utilisant tous, mais qu'une seule fois.**

- Le plus petit nombre : ......................................................................
- Le plus grand nombre : ....................................................................

## À toi de jouer !

- Mon chiffre des centaines de millions est impair et il est le quart de celui des dizaines de millions.
- Mon chiffre des unités de millions vaut 9 fois le chiffre des centaines de millions.
- Mon chiffre des centaines de mille est égal au résultat du calcul suivant :
chiffre des unités de million + chiffre des centaines de millions – chiffre des dizaines de million.
- Tous les autres chiffres du nombre mystère sont des zéros.

**Le nombre mystère est :** .......................................... .

C'est la distance en kilomètres entre la Terre et le Soleil !

Cherche dans un dictionnaire ou sur Internet la distance de la Terre au Soleil. Ta réponse doit être proche de ce nombre.

Corrigés p. 138

# 2 Addition, soustraction et complément de « nombres ronds »

**JE COMPRENDS**

Un nombre rond est un nombre qui se termine par **un ou plusieurs 0**.
Les calculs sont souvent plus faciles à réaliser avec ces nombres qu'avec d'autres nombres.

- Pour calculer **500 + 600 + 1 200**, il suffit de savoir calculer **5 + 6 + 12 = 23**. Le résultat est **2 300**.
- Pour calculer le complément de **85 000** à **100 000**, il suffit de savoir calculer le complément de **85** à **100**. C'est **15**. Le complément de **85 000** à **100 000** est donc égal à **15 000**.

**CONSEILS PARENTS**

*Calculer sur des nombres ronds revient à calculer sur des nombres plus simples. Demandez à votre enfant de bien lire l'encadré pour qu'il comprenne cela.*

## Exercices

**☆ 1 Complète.**

40 + 30 + 70 = ..................

800 + 200 + 800 = ..................

600 + 2 000 + 400 = ..................

15 000 – 3 000 = ..................

5 000 – 400 = ..................

8 000 – 800 = ..................

70 + 20 + .................. = 100

300 + 600 + .................. = 1 200

5 000 + 8 000 + .................. = 20 000

4 000 + 8 000 + .................. = 12 000

☐ ☐ ☐

**☆ 2 Pour chaque ligne, trouve la règle et continue.**

| 800 | 1 500 | 2 200 | | | | | | | |
|---|---|---|---|---|---|---|---|---|---|

| | | | | 13 000 | 13 800 | 14 600 | | | |
|---|---|---|---|---|---|---|---|---|---|

| | | | | 58 000 | 58 900 | 59 800 | | | |
|---|---|---|---|---|---|---|---|---|---|

☐ ☐ ☐

**☆☆ 3 En utilisant ces nombres, trouve trois sommes égales à 20 000 et trois différences égales à 1 500.** (Pour chaque somme ou différence, tu ne dois pas utiliser plusieurs fois le même nombre.)

2 500 15 200 7 000 8 500 13 000

4 800 9 000 3 300 4 000

**Sommes égales à 20 000 :** ..................................................

..................................................

**Différences égales à 1 500 :** ..................................................

..................................................

☐ ☐ ☐

Les sommes et différences peuvent avoir plus de deux termes.

## Problèmes

**4** La navette spatiale Endeavour est utilisée pour effectuer des missions dans l'espace.
À vide, elle pèse environ 69 000 kg.
Au décollage, elle pèse 109 000 kg.
À l'atterrissage, elle ne peut pas peser plus de 104 000 kg.

**De quelle masse la navette a-t-elle été chargée avant le décollage ?** ....................................................

....................................................................................................

**De quelle masse doit-on au moins la décharger avant son retour sur la Terre ?**

....................................................................................................

**5** La distance entre la Terre et la planète Mars varie beaucoup.
Elle peut aller de 56 000 000 de km à 400 000 000 de km.
En mars 2012, la distance était de 101 000 000 de km.
En avril 2014, la distance était de 92 000 000 de km.
En mai 2016, cette distance sera de 75 000 000 de km.

**De combien de km la distance entre la Terre et Mars peut-elle varier au maximum ?** ....................................................

....................................................................................................

**De combien de km la distance entre la Terre et Mars va-t-elle varier entre mars 2012 et mai 2016 ?** ....................................................

....................................................................................................

**De combien de km la distance entre la Terre et Mars va-t-elle varier entre avril 2014 et mai 2016 ?** ....................................................

....................................................................................................

## À toi de jouer !

En additionnant chaque nombre à un autre ou à deux autres, on peut trouver **10 000**.
Mais un nombre ne respecte pas cette règle. C'est le « nombre bizarre ».
**Trouve-le.**

4 000 — 1 000 — 2 500 — 6 000 — 7 500 — 7 000 — 8 500 — 5 000 — 5 500 — 8 000 — 3 500 — 6 500 — 1 500

Choisis un nombre (par exemple 4 000) et cherche si en l'additionnant à un ou deux autres on peut obtenir 10 000.

Corrigés p. 138-139

.... .... ....

# 3 Estimation de sommes et de différences

**JE COMPRENDS**

Dans certaines circonstances, tu as besoin de connaître **approximativement** le résultat d'une somme ou d'une différence.

- Tu achètes une bande dessinée à 18 €, un roman à 12,50 € et un lot de 3 DVD à 29 €.
En calculant mentalement : **20 + 10 + 30 = 60**, tu sais que tu devras payer environ **60 €**.

- Le calcul approché peut aussi te permettre de détecter des erreurs dans un calcul posé.
Jules a calculé **12 057 – 7 894**. Il a trouvé **5 843**. Or le résultat devrait être proche de **12 000 – 8 000**, donc de **4 000**. Son résultat est donc faux.

**CONSEILS PARENTS**

*Vous pouvez entraîner votre enfant à arrondir des nombres à la dizaine, la centaine ou le millier le plus proche.*

## Exercices

**★ 1 Voici des nombres :**

4 875 2 900 5 137 5 194 3 768 4 789 3 256

**Écris chaque nombre dans une seule catégorie :**

– les nombres qui sont proches de 3 000 : ..................................................

– ceux qui sont proches de 4 000 : ..................................................

– ceux qui sont proches de 5 000 : ..................................................

☐ ☐ ☐

**★★ 2 Utilise un calcul approché pour savoir quels résultats sont sûrement faux. Entoure ces résultats. Tu peux vérifier ensuite avec ta calculatrice.**

97 + 54 + 112 + 48 = 391

8 206 + 6 898 = 15 104

6 509 + 3 513 + 986 = 10 008

512 – 97 = 315

3 168 – 2 867 = 501

5 985 – 3 186 = 2 799

☐ ☐ ☐

Pour t'aider, tu peux d'abord arrondir chaque nombre à la dizaine, à la centaine ou au millier le plus proche.

**★★ 3 Entoure le nombre le plus proche du résultat.**

| Calcul | Quel nombre est le plus proche du résultat ? |
|---|---|
| 48 + 51 + 298 + 109 = | 300 • 400 • 500 • 600 |
| 288 + 439 + 15 + 986 = | 1 600 • 1 700 • 1 800 • 1 900 |
| 9 873 + 15 124 + 976 + 27 = | 24 000 • 25 000 • 26 000 • 27 000 |
| 977 – 88 = | 700 • 800 • 900 • 1 000 |
| 1 013 – 978 = | 0 • 100 • 200 • 300 |
| 4 512 – 1 498 = | 1 000 • 2 000 • 3 000 • 4 000 |

☐ ☐ ☐

## Problèmes

**4** Elsa a reçu 100 € pour son anniversaire. Elle souhaite acheter 3 jouets. Elle hésite car elle ne sait pas si la somme d'argent sera suffisante.
**Aide-la en indiquant quels lots de 3 jouets elle ne peut pas acheter.**

*Phrase réponse :* ..................................................

..................................................

..................................................

..................................................

Commence par faire des lots avec les jouets les plus chers.

**5** Le critérium du Dauphiné est une course cycliste qui se déroule dans la région Rhône-Alpes. Le tableau ci-dessous fournit le détail des 7 étapes du circuit 2012.

| Étape | Type | Date | Départ et arrivée | Distance |
|---|---|---|---|---|
| P | Prologue | dimanche 3 juin | Grenoble ➤ Grenoble | 5,7 km |
| 1 | En ligne | lundi 4 juin | Seyssins ➤ Saint-Vallier | 187 km |
| 2 | En ligne | mardi 5 juin | Lamastre ➤ Saint-Félicien | 160 km |
| 3 | En ligne | mercredi 6 juin | Givors ➤ La Clayette | 167 km |
| 4 | Contre-la-montre individuel | jeudi 7 juin | Villié-Morgon ➤ Bourg-en-Bresse | 53,5 km |
| 5 | En ligne | vendredi 8 juin | Saint-Trivier-sur-Moignans ➤ Rumilly | 186,5 km |
| 6 | En ligne | samedi 9 juin | Saint-Alban-Leysse ➤ Morzine | 167,5 km |
| 7 | En ligne | dimanche 10 juin | Morzine ➤ Châtel | 124,5 km |

Louis dit que le parcours total représente à peu près 1 000 km. Sa sœur Émilie dit que c'est beaucoup plus, au moins 1 300 km.
**Fais un calcul approché pour savoir qui a raison.**

..................................................

## À toi de jouer !

0 1 2 3 4 5 6 7 8 9

En utilisant chacun de ces chiffres une seule fois, écris une somme de 3 nombres plus grands que 100. Calcule à chaque fois une valeur approchée du résultat de chaque somme. *Exemple :* 120 + 345 + 6 789 → valeur approchée : 7 400.
**Recommence pour trouver d'autres sommes. Essaie de trouver la somme qui donne le plus grand résultat possible.**

..................................................

..................................................

Corrigés p. 139

.... .... ....

# 4 Addition, soustraction, complément (calcul rusé)

**JE COMPRENDS**

Pour calculer mentalement, tu as souvent intérêt à décomposer un calcul.

- Pour calculer **561 + 39**, tu peux décomposer 561 en 560 + 1 et calculer **560 + 1 + 39 = 560 + 40 = 600**.
- Pour calculer **161 – 99**, tu peux d'abord soustraire 100, puis ajouter 1 (puisque tu auras soustrait 1 de trop). Ton calcul deviendra : **161 – 99 = 161 – 100 + 1 = 61 + 1 = 62**.
- Pour calculer **161 – 99**, tu peux remplacer ce calcul par la recherche du complément de 99 à 161, avec des étapes :

99 —(+ 1)→ 100 —(+ 60)→ 160 —(+ 1)→ 161

99 —(+ 62)→ 161

donc **161 – 99 = 62**

**CONSEILS PARENTS**

*Dans les exercices 1 et 2, encouragez votre enfant à bien étudier les nombres des énoncés avant de répondre. Par exemple dans 178 + 32, on peut voir que 78 + 32 donne un résultat qui facilitera le calcul. Idem pour 369 + 321. Et dans l'exercice 2, pour passer de 265 à 370, on s'aperçoit que l'on peut démarrer son raisonnement par le passage de 265 à 365.*

## Exercices

**★ 1 Calcule en décomposant.**

85 + 35 = ......................................	86 + 24 = ......................................

140 + 260 = ..................................	250 + 350 = ..................................

178 + 32 = ....................................	369 + 321 = ..................................

2 700 + 1 300 = ............................	3 650 + 350 = ..............................

2 780 + 1 020 = ............................	1 680 + 320 = ..............................

**★★ 2 Trouve combien il y a pour aller :**

de 75 à 103 → .....................	de 356 à 456 → .....................

de 265 à 370 → .....................	de 72 à 280 → .....................

de 580 à 705 → .....................	de 640 à 1 020 → .....................

**★★ 3 Complète chaque ligne en respectant la consigne.**

- Avance de 99 en 99.

| 200 | 299 | | | | | | | | |
|---|---|---|---|---|---|---|---|---|---|

- Recule de 99 en 99.

| 1 287 | 1 188 | | | | | | | | |
|---|---|---|---|---|---|---|---|---|---|

- Il faut alternativement avancer de 101 et reculer de 19.

| 745 | 846 | 827 | | | | | | | |
|---|---|---|---|---|---|---|---|---|---|

+ 101 → – 19 → + 101 → – 19 → + 101 → – 19 → + 101 → – 19 → + 101 →

Vérifie avec une calculatrice tes réponses au fur et à mesure. Cela t'évitera d'avoir à tout recommencer si tu fais une erreur.

# Problèmes

**4** Le papa d'Ursule pèse 78 kg. Lorsqu'il monte sur la balance avec son chien, la balance affiche 104 kg. Lorsqu'il monte sur la balance avec son chien et ses deux chats, la balance affiche 112 kg.

Les deux chats pèsent exactement le même poids l'un que l'autre.

**Quel est le poids du chien et de chaque chat d'Ursule ?**

*Phrase réponse :* ..................................................................................................

..................................................................................................

☐ ☐ ☐

**5** Pour aller à l'école à pied, Gaëlle a le choix entre 3 chemins.

- Elle peut passer devant la mairie (trajet 1).
- Elle peut aussi passer devant le cinéma et devant la bibliothèque (trajet 2).
- Elle peut aussi passer devant le théâtre, le musée et la piscine (trajet 3).

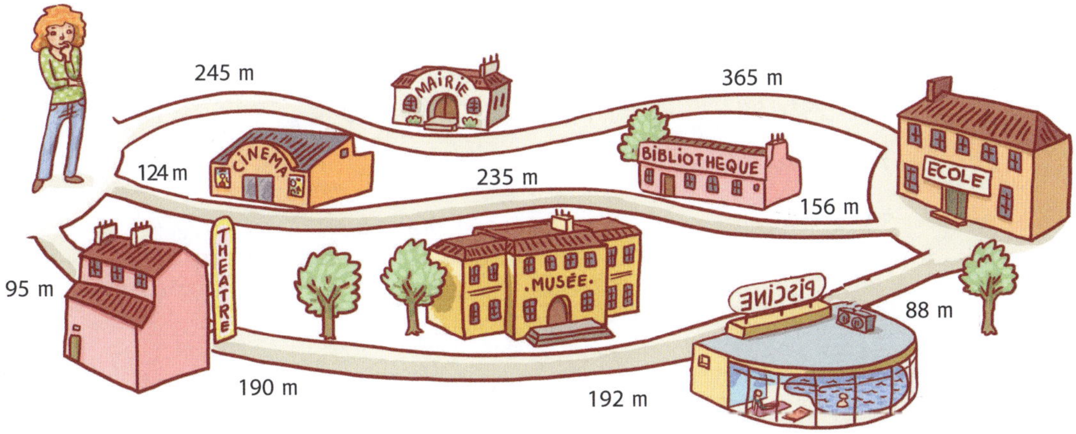


**Range les trois trajets du plus court au plus long.**

..................................................................................................

☐ ☐ ☐

## À toi de jouer !

Ninon a formé deux figures en assemblant 4 triangles.
Pour chaque figure, elle écrit des nombres aux sommets de chacun des triangles. Puis, à l'intérieur de chaque triangle, elle inscrit la somme des nombres écrits sur ses trois sommets. **Complète les figures.**

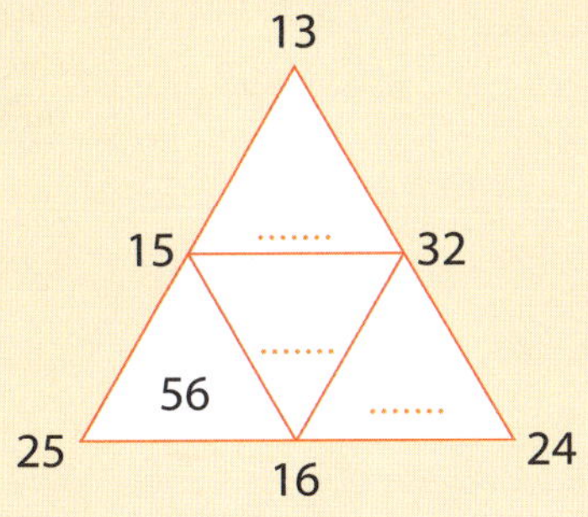


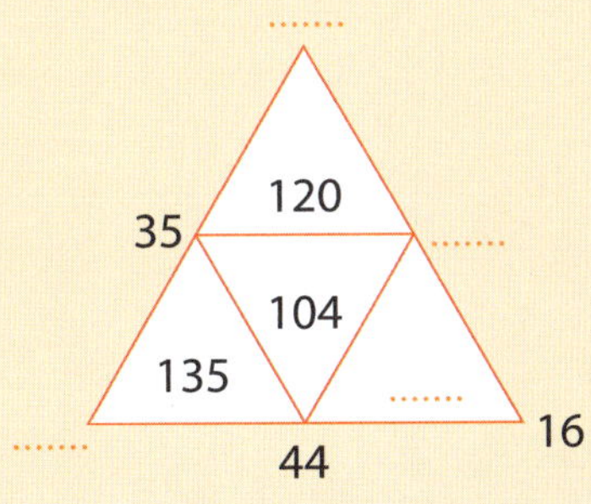

Pour la figure de droite, il y a plusieurs solutions de nombres et de sommes. Trouves-en au moins trois différentes.

Corrigés p. 139

☐ .... ☐ .... ☐ ....

# 5 Calculs avec 5, 15, 25, 30, 50…

**JE COMPRENDS**

Voici quelques nombres qui sont utilisés plus souvent que d'autres :

| | | | | | | |
|---|---|---|---|---|---|---|
| **5** | **15** | **25** | **30** | **50** | **60** | **75** |
| **100** | **120** | **250** | **500** | **750** | **1 000** | |

Tu dois bien savoir calculer mentalement avec ces nombres. Pour t'aider, voici quelques résultats que tu dois connaître par cœur :

**2 × 15 = 30** et **30 : 2 = 15**
**4 × 25 = 100** et **100 : 4 = 25**
**2 × 250 = 500** et **500 : 2 = 250**
**4 × 15 = 60** et **60 : 4 = 15**
**3 × 25 = 75** et **75 : 3 = 25**
**4 × 250 = 1 000** et **1 000 : 4 = 250**

**CONSEILS PARENTS**

*Il est important de bien savoir calculer avec ces nombres d'usage courant. N'hésitez pas à entraîner régulièrement votre enfant en utilisant des situations de la vie quotidienne (heure, calcul de prix, etc.).*

## Exercices

**★ 1 Calcule.**

75 + 50 = …………
25 + 25 + 25 = …………
750 + 250 = …………
30 × 4 = …………
75 × 4 = …………
250 × 5 = …………
750 : 3 = …………
500 : 4 = …………
1 000 : 5 = …………

**★★ 2 Trouve combien il y a :**

de fois 25 dans 125 → ………………
de fois 25 dans 200 → ………………
de fois 25 dans 500 → ………………
de fois 25 dans 800 → ………………
de fois 15 dans 75 → ………………
de fois 15 dans 120 → ………………
de fois 15 dans 90 → ………………
de fois 15 dans 180 → ………………

**★★ 3 Complète en suivant les indications.**

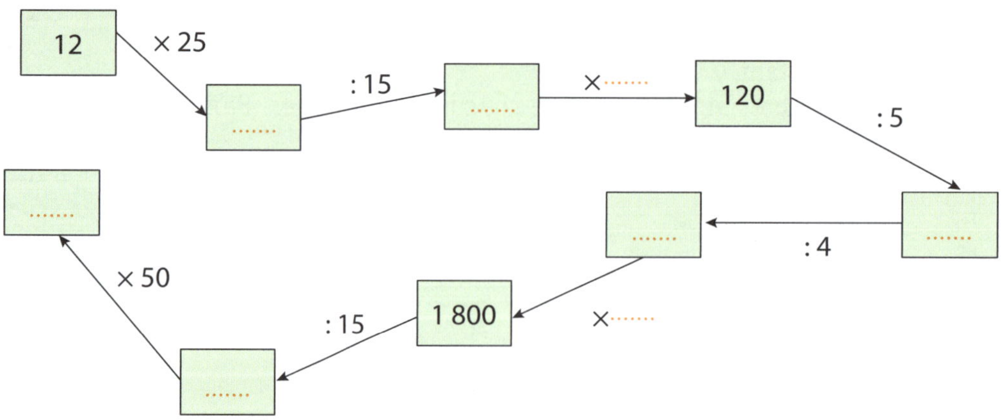

Pour 12 × 25, voici une aide : commence par calculer 10 × 25 puis ajoute 2 × 25.

## Problèmes

**4** Le mercredi matin, 40 adultes, 15 enfants de 8 ans, 45 enfants de 10 ans et 12 enfants de 2 ans sont entrés au zoo.
Le mercredi après-midi, il y a eu 60 adultes, 50 enfants de 7 ans et 26 enfants de 11 ans.
**Combien les entrées ont-elles rapporté pour toute la journée ?**

*Phrase réponse :* ..........................................................

..........................................................

**Combien les entrées ont-elles rapporté de plus l'après-midi que le matin ?**

*Phrase réponse :* ..........................................................

**5** Élise a besoin de 270 chocolats pour la fête qu'elle organise.
Dans un magasin, il y a des boîtes de 15 chocolats et des boîtes de 25 chocolats. La vendeuse lui donne 14 boîtes en lui disant : « *Voilà, vous avez ainsi juste ce qu'il vous faut de chocolats.* »
**Combien la vendeuse lui a-t-elle vendu de boîtes de 15 chocolats ? Et combien de boîtes de 25 chocolats ?**

..........................................................

..........................................................

Tu peux essayer des nombres, même si tu ne sais pas s'ils vont te donner la bonne réponse. Le résultat d'un essai peut t'aider pour l'essai suivant.

## À toi de jouer !

Émile joue au jeu de fléchettes. Si, en multipliant le nombre de points qu'il obtient par un nombre entier, il peut obtenir 1 000 points, il gagne alors 1 000 €.
**Peut-il gagner 1 000 € :**

- en plaçant une seule fléchette sur la cible ?

..........................................................

- en plaçant une fléchette dans une zone et une autre dans une autre zone ?

..........................................................

- en plaçant une fléchette dans chacune des zones ?

..........................................................

- en plaçant deux fléchettes dans la même zone ?

..........................................................

- en plaçant trois fléchettes dans la même zone ?

..........................................................

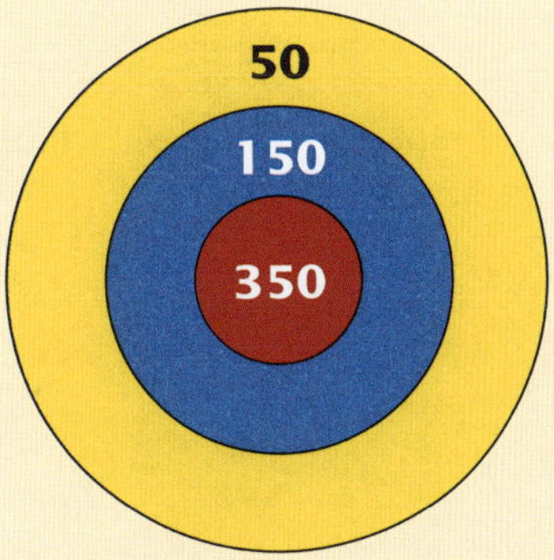


Corrigés p. 139-140

# 6 Calculs sur les durées

## JE COMPRENDS

▸ Avant de commencer des exercices sur les **calculs de durée**, tu dois connaître ces égalités.

1 an = 12 mois = 365 jours (ou 366 jours pour les années bissextiles)
1 semaine = 7 jours
1 jour = 24 heures
1 heure = 60 minutes
1 minute = 60 secondes

▸ Tu dois aussi savoir **additionner des durées**.
Pour additionner des durées, on **additionne** les heures entre elles, les minutes entre elles et les secondes entre elles puis on **transforme** les secondes en minutes et les minutes en heures si c'est nécessaire.

| | | | |
|---|---|---|---|
| | 4 h | 34 min | 42 s |
| + | 5 h | 21 min | 15 s |
| | 9 h | 55 min | 57 s |

| | | | |
|---|---|---|---|
| | 4 h | 42 min | 12 s |
| + | 3 h | 38 min | 18 s |
| | 7 h | 80 min | 30 s |
| | *+ 1 h* | *– 60 min* | |
| = | 8 h | 20 min | 30 s |

**CONSEILS PARENTS**
*Votre enfant doit connaître par cœur les égalités données dans la première partie de l'encadré. Vérifiez régulièrement qu'il ne les a pas oubliées.*

## Exercices

**★ 1 Convertis ces durées dans l'unité demandée.**

5 minutes = ............... secondes
2 jours = ............... heures
10 semaines = ............... jours
5 heures = ............... minutes
3 ans = ............... mois

8 heures = ............... minutes
4 ans = ............... mois
9 minutes = ............... secondes
10 jours = ............... heures
11 semaines = ............... jours

☐ ☐ ☐

**★★ 2 Complète les égalités.**

639 secondes = ............... minutes et ............... secondes
400 minutes = ............... heures et ............... minutes
63 mois = ............... ans et ............... mois
250 heures = ............... jours et ............... heures
74 jours = ............... semaines et ............... jours
1 204 heures = ............... semaines ............... jours et ............... heures

☐ ☐ ☐

Les nombres de secondes et de minutes restantes doivent être inférieurs à 60, le nombre des heures inférieur à 24, celui des jours à 7 et celui des mois à 12.

Attention, quand tu passes des secondes aux minutes ou des minutes aux heures, les retenues ne marchent pas comme avec les nombres ordinaires.

**3** **Additionne.**

| | 5 h | 29 min | 16 s |
|---|---|---|---|
| + | 3 h | 32 min | 44 s |

| | 5 h | 23 min | 26 s |
|---|---|---|---|
| + | 4 h | 36 min | 34 s |

| | 5 h | 24 min | 16 s |
|---|---|---|---|
| + | 3 h | 26 min | 40 s |

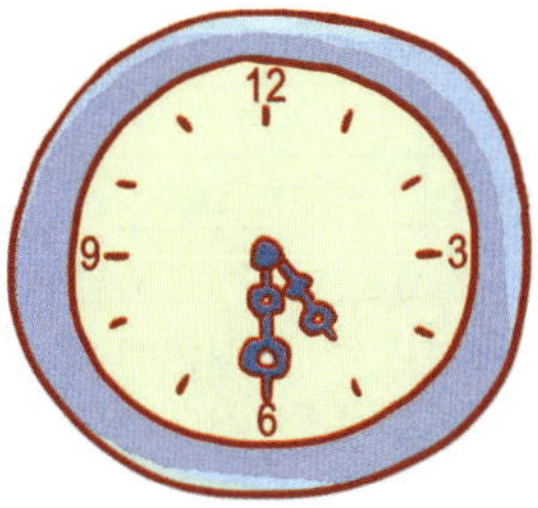

## Problèmes

**4** Stéphane est arrivé chez le dentiste à 17 h 45 et il est reparti à 18 h 10.
**Combien de temps est-il resté chez le dentiste ?**

*Phrase réponse :* ..........

**5** La visite de Sofia chez l'ophtalmo a duré 20 minutes. Elle est sortie à 16 h 15.
**À quelle heure est-elle arrivée chez le médecin ?**

*Phrase réponse :* ..........

**6** Karine est née le 31 décembre 2001. Elle est plus âgée que Raphaël de un an et un jour.
**Quel jour Raphaël est-il né ?**

*Phrase réponse :* ..........

## À toi de jouer !

Demande à une personne d'inscrire sur une feuille de papier le nombre correspondant au jour et au mois de sa naissance. Par exemple, si cette personne est née le 1er août, elle indiquera 18 ; si elle est née le 15 mars, elle indiquera 153. Tu ne dois pas voir la date. **Demande-lui ensuite d'effectuer les opérations suivantes à la calculatrice :**

1. doubler le nombre
2. ajouter 5 au résultat obtenu
3. multiplier par cinquante
4. ajouter à ce total les deux derniers chiffres de son année de naissance

Demande-lui le nombre obtenu. Retranche 250 et tu obtiens ainsi la date de naissance de la personne. Bravo, te voilà devenu un magicien !

Corrigés p. 140

.... .... ....

# 7 Les nombres décimaux

**JE COMPRENDS**

**4,527** est un **nombre décimal**. Il comporte une partie entière **4** et une partie décimale **0,527**.

Il est égal à la somme de sa partie entière et de sa partie décimale :
**4,527 = 4 + 0,527**

La partie décimale est formée de **dixièmes**, **centièmes** et **millièmes**, etc.

| Partie entière | | | Partie décimale | | |
|---|---|---|---|---|---|
| centaines | dizaines | unités | dixièmes | centièmes | millièmes |
| | | 4 , | 5 | 2 | 7 |

Un nombre décimal se lit de plusieurs manières :

**4,527** →
- quatre unités et cinq cent vingt-sept millièmes
- quatre unités et cinq dixièmes, deux centièmes et sept millièmes

**Attention** ! Dans un nombre décimal, les zéros qui ne sont placés ni au début, ni à la fin du nombre sont **utiles**. Ils ne peuvent pas être supprimés alors que tous les autres sont inutiles.

**54,075** ≠ **54,75** mais **54,750** = **54,75**

**54,075** se lit cinquante-quatre unités et soixante-quinze millièmes ou encore cinquante-quatre unités et sept centièmes et cinq millièmes.
Parfois, il est aussi lu : cinquante-quatre virgule **zéro** soixante-quinze.
Dans ce cas, il faut **dire le 0**.

**CONSEILS PARENTS**

*Les exercices de ces deux pages doivent être bien réussis avant l'entrée en 6e. N'hésitez pas à les proposer à votre enfant plusieurs fois s'il rencontre des difficultés.*

## Exercices

**★ 1 Complète le tableau.**

| nombre | 5,9 | 25,38 | 178,034 | 5 | 0,004 |
|---|---|---|---|---|---|
| partie entière | | | | | |
| partie décimale | | | | | |

☐ ☐ ☐

Attention : la partie décimale de 5,9 n'est pas 9 mais 0,9. En effet 5 + 9 ≠ 5,9. Si tu ne comprends pas bien pourquoi, relis le début de l'encadré jaune.

**★ 2 Indique ce que représente le chiffre en couleur dans chacun des nombres décimaux suivants.**

6,**4**7 → **4** est le chiffre des ..............................

**1**2,04 → **1** est le chiffre des ..............................

65,42**7** → **7** est le chiffre des ..............................

54,7**8** → **8** est le chiffre des ..............................

☐ ☐ ☐

**★ 3 Réécris les nombres ci-dessous en supprimant les zéros inutiles. Attention ! Tous les zéros ne peuvent pas être enlevés.**

708,50 → ............... 07,50 → ............... 708,05 → ...............

007,80 → ............... 78,500 → ............... 708,505 → ...............

☐ ☐ ☐

**4** **Compare les nombres décimaux suivants en utilisant les signes <, >, =.**

3,8 ......... 3,9 | 4,27 ......... 4,2 | 18,99 ......... 19

1,08 ......... 1,8 | 3,05 ......... 3,005 | 75,9 ......... 75,90

**5** **Complète avec un nombre décimal qui convient.**

8 < ......... < 9 | 2,7 < ......... < 2,8 | 0 < ......... < 1 | 1000 < ......... < 1001

14 < ......... < 15 | 1,04 < ......... < 1,05 | 9,9 < ......... < 10 | 4,99 < ......... < 5

**6** **Place les nombres décimaux suivants sur la droite graduée.**

0,8 – 2,5 – 1,4 –1,35 – 0,1 – 3,2 – 0,25 – 2,95.

Attention, certains nombres ne correspondent pas à un repère déjà tracé sur la droite. Pour eux, tu peux ajouter de nouveaux repères.

## Problèmes

**7** Justine dit que 5,5 est le nombre décimal qui vient juste après 5,4. Agathe dit que c'est faux.

**Qui a raison ?** .................................................................................

**Pourquoi ?** .................................................................................

**8** Voici les résultats de la finale homme du 50 mètres nage libre aux jeux Olympiques de Londres 2012. (en secondes)

| | |
|---|---|
| George Bovell (TRI) | 21.82 |
| Cesar Cielo (BRA) | 21.59 |
| Roland Schoeman (RSA) | 21.80 |
| Cullen Jones (USA) | 21.54 |
| Florent Manaudou (FRA) | 21.34 |
| Eamon Sullivan (AUS) | 21.98 |
| Bruno Fratus (BRA) | 21.61 |
| Anthony Ervin (USA) | 21.78 |

**Quels sont les 3 nageurs qui sont montés sur le podium ?**

1er : ...............

2e : ............... 3e : ...............

## À toi de jouer !

Je suis un nombre décimal qui s'écrit avec cinq chiffres.

- Mon chiffre des unités est le tiers de mon chiffre des dixièmes.
- Mon chiffre des centièmes est le double de mon chiffre des unités.
- Mon chiffre des dizaines est le quadruple de mon chiffre des unités.
- Mon chiffre des millièmes est le triple de mon chiffre des unités et il est impair.

**Qui suis-je ?** .................................................................................

Corrigés p. 140

.... .... ....

# 8 Addition et soustraction de nombres décimaux

**JE COMPRENDS**

Pour additionner les nombres décimaux, tu dois savoir que :
**10 dixièmes = 1 unité**
**10 centièmes = 1 dixième**
**100 centièmes = 1 unité**

- 2,75 + 0,15 = 2 + 0,7 + 0,05 + 0,1 + 0,05
  = 2 + 0,8 + 0,1
  = 2 + 0,9
  = 2,9
- 2,5 − 0,25 = 2 + 0,5 − 0,2 − 0,05
  = 2 + 0,3 − 0,05
  = 2 + 0,25
  = 2,25

*(voir aussi p. 88)*

**CONSEILS PARENTS**

*Incitez votre enfant à vérifier les réponses aux différents exercices avec une calculatrice et, s'il s'est trompé, à essayer de comprendre pourquoi sa réponse est fausse.*

## Exercices

**★ 1 Calcule.**

| | | | |
|---|---|---|---|
| 8,5 + 0,5 = ...... | 2,5 + 0,6 = ...... | 3,5 − 0,5 = ...... | 2,5 − 2,4 = ...... |
| 4,2 + 0,8 = ...... | 5 + 2,5 = ...... | 10,2 − 1,1 = ...... | 32,4 − 1,5 = ...... |
| 3,3 + 4,7 = ...... | 10,5 + 4,5 = ...... | 2,5 − 0,6 = ...... | 50 − 0,5 = ...... |

**★★ 2 Complète.**

| | | | |
|---|---|---|---|
| 2,5 + ...... = 3 | 3,5 + ...... = 5 | ...... − 1,5 = 10 | 21,1 − ...... = 20,8 |
| ...... + 11,5 = 12 | ...... + 15,5 = 20 | 49,5 − ...... = 49 | ...... − 1,5 = 100 |
| ...... + 25,5 = 50 | 49,5 + ...... = 55 | 50 − ...... = 49,2 | ...... − 10,5 = 10,5 |

**★★ 3 Calcule et complète.**

| | | | | | | | | | | |
|---|---|---|---|---|---|---|---|---|---|---|
| **0** | + 1 → | 1 | + 0,1 → | | + 10,1 → | | + 10 → | | + 2,2 → | |
| **8,9** | + 1 → | | + 0,1 → | | + 10,1 → | | + 10 → | | + 2,2 → | |
| **50** | − 1 → | | − 0,1 → | | − 10,1 → | | − 10 → | | − 2,2 → | |

**4** **Observe et prolonge ces suites.**

| 0 | 0,5 | | 1,5 | | 2,5 | | | | |
|---|---|---|---|---|---|---|---|---|---|
| 5,15 | 5,25 | | | 5,55 | | | | | |
| 10,35 | 10,34 | | | | | | 10,28 | | |
| 0,908 | 0,809 | | | | | | | | |

Tu peux écrire devant chaque ligne la règle de calcul.

## Problèmes

**5** Papi souhaite installer 3 étagères. La première doit mesurer 1,05 mètre, la deuxième 0,95 mètre et la troisième 2,5 mètres.
**Quelle longueur de planche papi doit-il acheter ?**

*Phrase réponse :* ..........................................................................................

**6** Caroline mesure 0,07 mètre de moins que Jeanne qui mesure 0,06 mètre de moins que Damien. Manon mesure elle 0,48 mètre de plus que Damien.
**Sachant que Damien mesure 1,50 mètre, combien mesurent Jeanne, Caroline et Manon ?**

Jeanne : ..........................................................................................

Caroline : ..........................................................................................

Manon : ..........................................................................................

Avant de faire les calculs, écris les prénoms des enfants du moins grand au plus grand.

## À toi de jouer !

**But du jeu :** faire traverser le labyrinthe à Sacha pour qu'il rejoigne son ami Tom.
Sacha se déplace en diagonale.
Pour descendre, il doit choisir un nombre ou un résultat inférieur au précédent.
Pour monter, il doit choisir un nombre ou un résultat supérieur au précédent.
**Trace son parcours jusqu'à son ami.**

Sacha

| | 10 – 0,5 | | 8,1 | | 1 + 7,015 | |
|---|---|---|---|---|---|---|
| 10,1 – 0,7 | | 6,9 + 0,9 | | 8 + 0,035 | | 8 – 0,5 |
| | 8 + 1,015 | | 6 + 2,05 | | 6 + 0,41 | |
| 10,5 – 1,5 | | 8,9 + 0,9 | | 7,1 + 0,5 | | 10 – 4,8 |
| | 10 – 3,5 | | 9 – 1,8 | | 4,8 + 0,3 | |
| 6,5 – 0,5 | | 9 – 0,2 | | 8 – 0,9 | | 4 + 1,4 |
| | 6,5 – 0,1 | | 5,38 + 0,07 | | 5 + 0,5 | |
| 6 + 0,5 | | 5,82 + 1,12 | | 6,5 – 1,5 | | 5 |

Tom

Corrigés p. 140-141

.... .... ....

# 9 Double et moitié d'un nombre décimal

**JE COMPRENDS**

▸ Pour trouver le **double** d'un nombre décimal, il suffit de savoir calculer des additions ou multiplier par 2.

**Double de 1,75** 1,75 + 1,75 = 3,5 1,75 × 2 = 3,5

Le double de **1,75** est **3,5**.

▸ Pour trouver la **moitié** d'un nombre décimal, tu cherches de quel nombre il est le double.

**Moitié de 3,5** c'est **1,75** car 3,5 est le double de 1,75.

**1,75** —double→ **3,5**

**1,75** ←moitié— **3,5**

*(voir aussi p. 90)*

**CONSEILS PARENTS**

*Proposez à votre enfant de vérifier avec une calculatrice, en multipliant par 2 pour les doubles et en divisant par 2 pour les moitiés.*

## Exercices

**★ 1 Complète.**

**Quel est le double :**

de 0,4 ? .......... de 6,5 ? .......... de 3,8 ? .......... de 2,25 ? ..........

**Quelle est la moitié :**

de 4,4 ? .......... de 4,5 ? .......... de 10,2 ? .......... de 1,4 ? ..........

☐ ☐ ☐

**★ 2 Entoure la bonne réponse.**

| | | | |
|---|---|---|---|
| Le double de 5,5 est : | 10 | 11 | 12 |
| Le double de 4,35 est : | 8,7 | 8,5 | 7 |
| Le double de 100,12 est : | 100,24 | 200,12 | 200,24 |
| La moitié de 15 est : | 7,5 | 7,25 | 7,15 |
| La moitié de 10,3 est : | 5,5 | 5,15 | 5,3 |

☐ ☐ ☐

**★ 3 Remplis les cases en suivant les indications.**

5,2 —double→ ....... —double→ ....... —double→ ....... —double→ .......

88,8 —moitié→ ....... —moitié→ ....... —moitié→ ....... —moitié→ .......

☐ ☐ ☐

Pour la deuxième ligne, tu peux vérifier tes résultats en calculant des doubles à partir du dernier nombre obtenu. Tu dois alors retrouver 88,8 comme nombre d'arrivée !

**4** **Vrai ou faux ? Lorsque c'est faux, corrige.**

| | vrai | faux / bonne réponse |
|---|---|---|
| Le double du double de 25,5 est égal à 102. | | |
| La moitié du double de 100,5 est égale à 400. | | |
| Le double de la moitié de 3,5 est égal à 7. | | |
| La moitié de la moitié de 10,8 est égale à 2,5. | | |

## Problèmes

**5** M. Lapierre possède un jardin rectangulaire, avec une entrée qui mesure 1,5 m. Il veut entourer son jardin d'une clôture, en laissant l'entrée libre.
**Quelle sera la longueur de cette clôture ?**

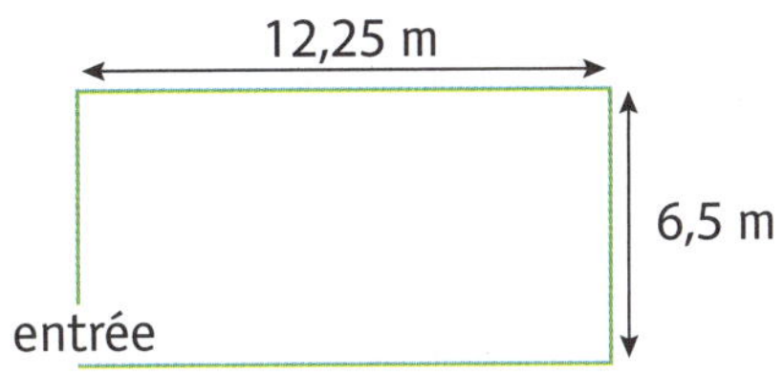


*Phrase réponse* : ..........................................................................................................

..........................................................................................................................

**6** La fée Carabosse possède deux baguettes magiques : une rouge et une bleue. Chaque fois qu'elle touche quelqu'un avec la baguette rouge, la taille de la personne est doublée. Chaque fois qu'elle touche quelqu'un avec la baguette bleue, la taille de la personne devient la moitié de ce qu'elle était.
Un jour, elle rencontre Pierrot avec son chien. Elle touche Pierrot avec la baguette bleue et son chien avec la baguette rouge.
Ils comparent alors leurs tailles et Pierrot s'exclame : « Comme c'est bizarre, nous mesurons maintenant tous les deux 0,74 m ! »
**Quelle était la taille de Pierrot et de son chien avant qu'ils ne rencontrent la fée Carabosse ?**

*Phrase réponse* : ..........................................................................................................

## À toi de jouer !

**Trouve combien pèse chaque personnage.**

Tu peux commencer par faire des essais en cherchant d'abord le poids de la fille.

Corrigés p. 141

# 10 Triple et tiers, quadruple et quart d'un nombre décimal

**JE COMPRENDS**

▸ Pour trouver le **triple** d'un nombre décimal, tu cherches d'abord son double auquel tu additionnes le même nombre. Tu peux aussi le multiplier par 3.

**Le triple de 0,5** $0{,}5 + 0{,}5 + 0{,}5 = 1 + 0{,}5 = 1{,}5$ ou $0{,}5 \times 3 = 1{,}5$

**Le triple de 0,5 est 1,5.**

▸ Pour trouver le **tiers** d'un nombre décimal, tu peux réfléchir d'abord « sans la virgule ».

**Le tiers de 1,5** Tu sais que le tiers de 15 est égal à 5 donc **le tiers de 1,5 est égal à 0,5**.

triple
**0,5** ⇄ **1,5**
tiers

▸ Pour trouver le **quadruple** d'un nombre décimal, tu cherches d'abord son double puis tu le doubles, ou tu le multiplies par 4.

**Le quadruple de 0,25** $0{,}25 \times 2 \times 2 = 0{,}5 \times 2 = 1$

**Le quadruple de 0,25 est 1.**

▸ Pour trouver le **quart** d'un nombre décimal, tu cherches la moitié de la moitié.

**Le quart de 1** Tu sais que la moitié de 1 est égale à 0,5 et la moitié de 0,5 est égale à 0,25 donc **le quart de 1 est égal à 0,25**.

quadruple
**0,25** ⇄ **1**
quart

**CONSEILS PARENTS**

*Les mots tiers et triple, quart et quadruple sont fréquemment source de confusion. Assurez-vous que ce n'est pas le cas de votre enfant.*

## Exercices

**★ 1 Complète avec les mots suivants : triple, tiers, quart, quadruple.**

4,5 est le .................... de 1,5.

100,8 est le .................... de 25,2.

22 est le .................... 5,5.

31,5 est le .................... 10,5.

1,2 est le .................... de 4,8.

3,3 est le .................... 9,9.

7,5 est le .................... 30.

90,9 est le .................... 30,3.

☐ ☐ ☐

**★★ 2 Complète.**

**Quel est le triple** : de 0,4 ? ........ de 5,5 ? ........ de 3,8 ? ........ de 2,25 ? ........

**Quel est le tiers** : de 1,5 ? ........ de 2,1 ? ........ de 3,3 ? ........ de 6,6 ? ........

**Quel est le quadruple** : de 0,4 ? ........ de 5,5 ? ........ de 3,8 ? ........ de 2,25 ? ........

**Quel est le quart** : de 4,4 ? ........ de 10,4 ? ........ de 14,8 ? ........ de 100,8 ? ........

☐ ☐ ☐

Vérifie tes réponses avec une calculatrice.

**3** **Entoure la bonne réponse.**

| | | | |
|---|---|---|---|
| Le triple de 5,5 est : | 15,15 | 11 | 16,5 |
| Le tiers de 4,35 est : | 1,45 | 1,75 | 0,95 |
| Le quart de 100,12 est : | 25,3 | 25,03 | 25,4 |
| La quadruple de 1,25 est : | 4,100 | 5 | 4,5 |

## Problèmes

**4** Mamie Colette accueille ses 4 petits-enfants pour le goûter.
Elle a acheté des chocolats. Ses petits-enfants en veulent tous exactement la même quantité. Ils sont très gourmands, ils vont donc tout manger.
**Quelle quantité de chocolat chacun mangera-t-il ?**

*Phrase réponse* : ........................................

........................................................

........................................................

........................................................

........................................................

Il est possible que tous les chocolats ne puissent pas rester entiers au moment du partage !

**5** Mesure avec une règle la longueur du segment ci-dessous.

**Trace un autre segment dont la longueur est égale au tiers de celle de ce segment.**

**Trace un autre segment dont la longueur est égale au triple de celle de ce segment.**

## À toi de jouer !

Carole lit un livre dans lequel les chapitres ont tous le même nombre de pages.
Le téléphone sonne. Carole pose son livre pour répondre, en se rappelant qu'elle en est au milieu du deuxième chapitre et qu'elle a lu un quart du livre.

**Combien le livre a-t-il de chapitres ?**

*Pour t'aider* : le milieu du deuxième chapitre est égal à 1,5 chapitres.

........................................................

Corrigés p. 141

.... .... ....

# 11 Division euclidienne

**JE COMPRENDS**

**Si tu distribues 17 cartes entre 3 joueurs, combien de cartes aura chaque joueur ?**

Chaque joueur aura 5 cartes et il en restera 2 que tu ne pourras pas distribuer.
Tu peux alors écrire : **17 = (5 × 3) + 2**
Le nombre 5 s'appelle **le quotient** et le nombre 2 **le reste.**

**Attention !** Dans une division par 3, le reste est obligatoirement inférieur à 3.
Dans une division par 9, le reste est obligatoirement inférieur à 9.

Pour certaines divisions, le reste est 0 : **15 : 5 = 3** (le reste est 0)

**CONSEILS PARENTS**
*La division euclidienne est travaillée depuis le CE2. Votre enfant doit donc savoir identifier les termes quotient et reste.*

## Exercices

**★ 1 Sans calculer, écris si ces phrases sont vraies ou fausses. Lorsqu'elles sont fausses, dis pourquoi.**

| | vrai | faux – Pourquoi ? |
|---|---|---|
| Dans la division de 79 par 25, le reste est égal à 26. | | |
| Dans la division de 780 par 10, le reste est égal à 0. | | |
| Dans la division de 22 par 3, le reste est égal à 0. | | |
| Dans la division de 28 par 5, le reste est égal à 3. | | |

☐ ☐ ☐

**★★ 2 Réponds aux questions, sans poser les divisions.**

Quel est le quotient et le reste de 306 divisé par 3 ? ..........

Quel est le quotient et le reste de 306 divisé par 10 ? ..........

Quel est le quotient et le reste de 306 divisé par 5 ? ..........

Quel est le quotient et le reste de 306 divisé par 8 ? ..........

Quel est le quotient et le reste de 306 divisé par 6 ? ..........

☐ ☐ ☐

N'oublie pas que le reste doit toujours être plus petit que le diviseur.

**3** **Sans les poser, trouve le quotient et le reste des divisions suivantes.**

**34 divisé par 6 → q = 5 et r = 4**

19 divisé par 6 → ........................

7 divisé par 2 → ........................

102 divisé par 10 → ........................

129 divisé par 10 → ........................

49 divisé par 6 → ........................

59 divisé par 6 → ........................

58 divisé par 11 → ........................

2 412 divisé par 100 → ........................

□ □ □

## Problèmes

**4** La fleuriste a reçu 208 roses. Elle souhaite confectionner des bouquets de 25 roses.
**Combien pourra-t-elle en confectionner ? Restera-t-il des roses ?**

*Phrase réponse* : ................................................................................

................................................................................

□ □ □

**5** 245 sportifs partent à une compétition en car. Chaque car peut contenir 50 passagers.
**Combien de cars faut-il ? Tous les cars seront-ils remplis ? Pourquoi ?**

*Phrase réponse* : ................................................................................

................................................................................

□ □ □

Attention, il faut que tous les sportifs puissent partir pour la compétition !

## À toi de jouer !

**Pour chaque case, trouve le reste de la division et reporte-toi au code ci-dessous pour découvrir la phrase mystère !**

| | | |
|---|---|---|
| reste = 1 → E | reste = 5 → U | reste = 9 → C |
| reste = 2 → N | reste = 6 → T | reste = 10 → È |
| reste = 3 → R | reste = 7 → P | reste = 11 → G |
| reste = 4 → O | reste = 8 → L | reste = 12 → ! |

| 9 divisé par 4 | 17 divisé par 3 |
|---|---|

................................

| 27 divisé par 4 | 34 divisé par 6 | 59 divisé par 9 | 76 divisé par 10 | 82 divisé par 9 |
|---|---|---|---|---|

................................................................................

| 79 divisé par 8 | 104 divisé par 10 | 54 divisé par 7 | 78 divisé par 25 |
|---|---|---|---|

................................................................

| 208 divisé par 10 | 91 divisé par 3 |
|---|---|

................................

| 130 divisé par 11 | 82 divisé par 6 | 1008 divisé par 100 | 140 divisé par 12 | 34 divisé par 12 | 50 divisé par 13 | 65 divisé par 8 |
|---|---|---|---|---|---|---|

................................................................................

| 57 divisé par 15 |
|---|

................

Corrigés p. 141-142

□ .... □ .... □ ....

# 12 Fraction d'une quantité

**JE COMPRENDS**

$\frac{2}{3}$ ou **deux tiers**, c'est **deux fois un tiers**.

Pour prendre les deux tiers d'une quantité, tu peux d'abord la partager en 3 parts égales, puis garder 2 de ces parts.

**deux tiers de 12**

Chaque carré regroupe un tiers des œufs (4 œufs). Il faut prendre le contenu de 2 carrés pour avoir les deux tiers des 12 œufs.

**$\frac{2}{3}$ de 12 est donc égal à 8.**

**CONSEILS PARENTS**

*La notion de fraction est nouvelle au CM2 et votre enfant peut rencontrer des difficultés de compréhension. Ne vous inquiétez pas, son apprentissage sera poursuivi en 6e.*

## Exercices

**★ 1 Pour chaque quantité, entoure la partie demandée sur le dessin.**

$\frac{1}{2}$ de cette quantité de coquillages →

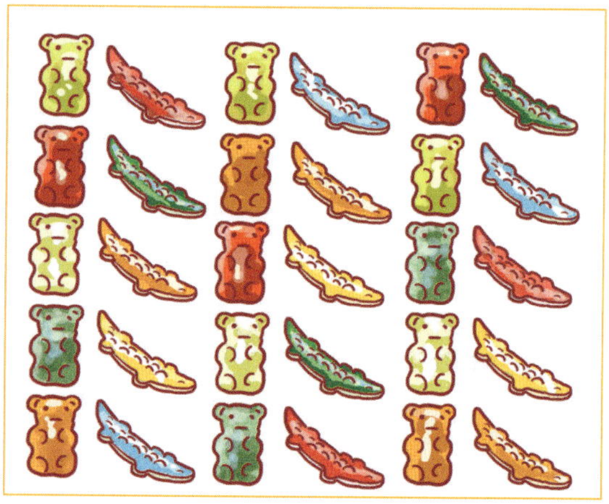

← $\frac{3}{5}$ de cette quantité de bonbons

$\frac{7}{10}$ de cette quantité de billes →

**★★ 2 Calcule.**

$\frac{3}{4}$ de 20 → ..................

$\frac{4}{9}$ de 36 → ..................

$\frac{4}{5}$ de 45 → ..................

$\frac{9}{10}$ de 50 → ..................

$\frac{5}{6}$ de 18 → ..................

$\frac{2}{3}$ de 36 → ..................

$\frac{2}{7}$ de 49 → ..................

$\frac{6}{8}$ de 48 → ..................

Pour vérifier tes réponses, fais un dessin avec des croix. Dessine par exemple 20 croix, partage-les en 4 paquets égaux et entoure le ¼ puis les ¾ de ces croix.

**3** **Complète chaque fraction.**

| | | |
|---|---|---|
| $\frac{\dots}{3}$ de 12, c'est 4. | $\frac{\dots}{5}$ de 10, c'est 8. | $\frac{\dots}{7}$ de 21, c'est 9. |
| $\frac{2}{\dots}$ de 30, c'est 20. | $\frac{3}{\dots}$ de 20, c'est 15. | $\frac{3}{\dots}$ de 30, c'est 18. |

## Problèmes

**4** Dimitri a commencé la lecture d'un livre de 150 pages. Il en a déjà lu les deux tiers.
**Combien de pages a-t-il lues ?**

*Phrase réponse* : ........................................................................................

**5** Un fleuriste a reçu 100 iris. Il en a déjà vendu 75.

**Quelle fraction des iris reçus a-t-il vendue ?**

*Phrase réponse* : ........................................................................................

**6** Sana a reçu 120 nouveaux timbres pour sa collection.
Dimanche matin, elle en a collé un tiers dans son album.
L'après-midi, elle a collé les trois quarts des timbres qui lui restaient.

**Combien de timbres n'ont pas encore été collés dans l'album ?**

*Phrase réponse* : ........................................................................................

**Quelle fraction du nombre total de ses timbres Sana n'a-t-elle pas encore collée dans l'album ?**

*Phrase réponse* : ........................................................................................

## À toi de jouer !

Dédé possède une carte marquée **60**. Il lance deux dés. Avec ces 2 dés, il obtient une fraction en prenant le plus petit nombre comme numérateur et le plus grand nombre comme dénominateur. Il calcule alors la fraction de 60 et obtient un nombre de points.

Par exemple, avec ces 2 dés , il obtient la fraction $\frac{3}{5}$. Il calcule donc ce que représente $\frac{3}{5}$ de 60. Il trouve 36 et marque donc 36 points.

À ton tour de jouer avec un camarade en lançant deux dés, à tour de rôle, trois fois chacun, toujours avec la carte marquée **60**. Si les deux dés marquent le même nombre de points, relance-les.
**Additionnez les points que vous avez marqués à chaque fois. Le vainqueur est celui qui, au total, a marqué le plus de points.**

Corrigés p. 142

.... .... ....

# 13 Proportionnalité

**JE COMPRENDS**

Toutes les billes sont identiques.
Si on pose 3 billes sur la balance, elle indique 45 g.

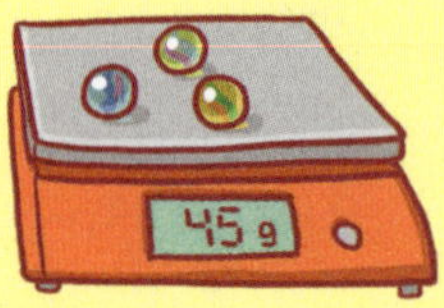


**a) Combien pèseront 12 billes identiques à celles-ci ?**
**b) Combien pèseront 2 billes identiques à celles-ci ?**

Pour répondre à la question **a**, tu peux raisonner ainsi :
3 billes pèsent 45 g.
12 billes pèsent 4 fois plus lourd que 3 billes, car 12 = 3 × 4
12 billes pèsent donc 180 g, car 45 × 4 = 180.
Pour répondre à la question **b**, tu peux raisonner de deux façons.

**1er raisonnement**

3 billes pèsent 45 g.
1 bille pèse 3 fois moins lourd que 3 billes.
1 bille pèse donc 15 g, car 45 : 3 = 15
2 billes pèsent 2 fois plus lourd que 1 bille.
2 billes pèsent donc 30 g, car 15 × 2 = 30.

**2e raisonnement**

12 billes pèsent 180 g.
2 billes pèsent 6 fois moins lourd que 12 billes.
2 billes pèsent donc 30 g, car 180 : 6 = 30.

On dit que la masse des billes est **proportionnelle** au nombre de billes.
Les raisonnements peuvent être regroupés dans un **tableau de proportionnalité** :

× 4 : 2

| Nombre de billes | 3 | 12 | 1 | 2 |
|---|---|---|---|---|
| Masse des billes (en g) | 45 | 180 | 15 | 30 |

: 4 × 2

*(voir aussi p. 86)*

**CONSEILS PARENTS**
*Si cela peut l'aider, suggérez à votre enfant d'utiliser un tableau, comme dans l'encadré ci-contre. Mais ne l'obligez pas à le faire, car cela peut être aussi une difficulté supplémentaire.*

## Problèmes

★ 1 **La hauteur de 5 briques empilées est de 12 cm.**
**Quelle sera la hauteur obtenue en empilant :**

10 briques identiques à celles-ci ? ..................................

30 briques identiques à celles-ci ? ..................................

12 cm

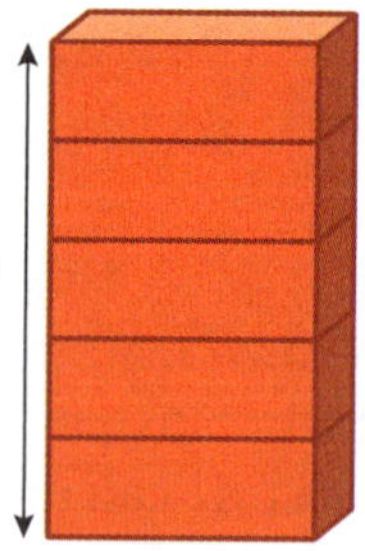

**Combien de briques faut-il empiler pour obtenir une hauteur de :**

36 cm ? ................. 120 cm ? ................. 60 cm ? .................

Pour t'aider à trouver les résultats, tu peux dessiner des piles de briques.

★★ 2 **Un fleuriste fait des bouquets en mettant dans chaque bouquet 3 iris et 5 roses.**
Le matin, il a fait des bouquets en utilisant 12 iris. **Combien a-t-il utilisé de roses ?**

*Phrase réponse :* ..............................................................................

À midi, il prépare d'autres bouquets en utilisant 30 iris.
**Combien doit-il utiliser de roses ?**

*Phrase réponse* : ..............................................................................

L'après-midi, il réalise encore d'autres bouquets en utilisant 30 roses. **Combien doit-il utiliser d'iris ?**

*Phrase réponse* : ..............................................................................

**3** **Fin 2014, on pouvait échanger 100 € contre 120 francs suisses. Complète ce tableau.**

| € | 100 | 50 | 150 | 125 | | |
|---|---|---|---|---|---|---|
| Francs suisses | 120 | | | | 24 | 480 |

**4** **L'échelle indique que 2 cm sur le schéma représente 10 km dans la réalité. Sur le schéma, écris les distances en km.**

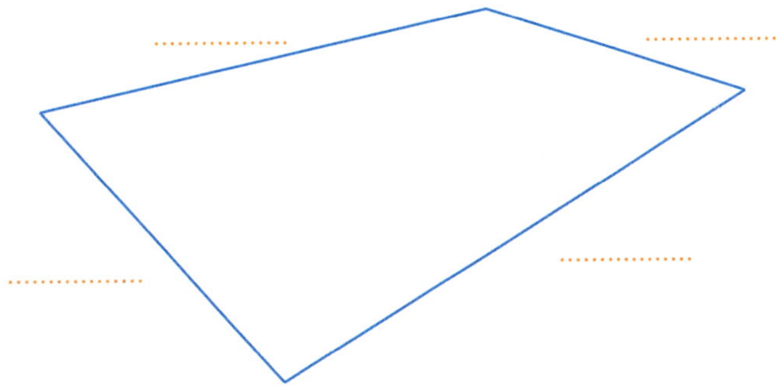

## À toi de jouer !

Nadine aime beaucoup la boisson à la grenadine. Mais il faut qu'elle ait toujours le même goût. Pour cela, elle utilise toujours la même petite cuillère pour bien doser les mélanges d'eau et de grenadine.
Voici ce qu'elle a préparé en plusieurs occasions.

| 10 cl d'eau<br>4 cuillères de sirop | 45 cl d'eau<br>18 cuillères de sirop | 75 cl d'eau<br>48 cuillères de sirop | 2 l d'eau<br>80 cuillères de sirop |
|---|---|---|---|

Mais Nadine s'est trompée une fois ! L'une des boissons n'a pas le même goût que les autres. **Trouve le récipient de la boisson qui n'a pas le même goût que les autres, puis corrige le nombre de cuillères de sirop de grenadine qu'elle aurait dû y mettre.**

Corrigés p. 142

.... .... ....

# 14 Pourcentages et vitesses

JE COMPRENDS

**Pourcentages**

Souviens-toi que 20 % de réduction veut dire que pour **100 €** d'achat, on obtient une réduction de **20 €**.

– Pour **200 €** d'achat, tu auras donc deux fois la réduction de 20 €, donc 40 € de réduction.

– Pour **50 €** d'achat, tu auras la moitié de la réduction de 20 €, donc 10 € de réduction.

La réduction est proportionnelle au prix de l'achat.

**20 %** **de réduction**

**Vitesses moyennes**

Lorsqu'on dit qu'une voiture roule à **60 km/h** de moyenne, cela signifie que, en moyenne, elle parcourt **60 km** en **1 heure**.

Si elle roule **2 h**, elle parcourt donc **120 km**, car **60 × 2 = 120**.

Si elle roule **1/4 h**, elle parcourt **15 km**, car **60 : 4 = 15**.

**La distance parcourue est considérée comme proportionnelle à la durée.**

**CONSEILS PARENTS**

*Le calcul de pourcentages et de vitesses est souvent difficile. Ces questions seront reprises au collège.*

## Problèmes

★ **1** **Zoé a 400 timbres. Combien a-t-elle de timbres de chaque sorte si elle dit que :**

5 % de ses timbres sont chinois ? ..........

10 % de ses timbres sont japonais ? ..........

25 % de ses timbres sont allemands ? ..........

60 % de ses timbres sont français ? ..........

5 % des timbres sont chinois veut dire que dans un lot de 100 timbres, 5 sont chinois.

☐ ☐ ☐

★★ **2** **Une gazelle court à la vitesse de 80 km/h. Si elle court toujours à cette vitesse, quelle distance parcourt-elle en :**

30 min ? .......... 3 h ? ..........

15 min ? .......... 2 h 15 min ? ..........

☐ ☐ ☐

★★ **3** **Un kangourou a parcouru 25 km en un quart d'heure. Quelle a été sa vitesse moyenne ?**

..........

**S'il court régulièrement à cette même vitesse, combien lui faut-il de temps pour parcourir 150 km ?**

..........

☐ ☐ ☐

**4** Lorsqu'il marche au pas, la vitesse d'un cheval est de 7 km/h.
Lorsqu'il trotte, sa vitesse est de 12 km/h.
Lorsqu'il galope, sa vitesse est de 20 km/h.
Un cheval doit parcourir une distance de 30 km.
Il marche au pas pendant 14 km, puis trotte pendant 6 km et finit au galop sur le reste du parcours.
**Combien de temps a-t-il mis pour parcourir les 30 km ?**

..........................................................................

..........................................................................

**5** Arthur a acheté dans ce magasin une radio affichée à 40 €, une machine à café affichée à 75 € et une bouilloire affichée à 30 €.
**Combien a-t-il payé pour tous ses achats ?**

Cherche d'abord sur quel article porte la réduction de 10 % puis sur lesquels porte la réduction de 20 %.

**Réduction sur les prix affichés**

10 % sur le 1er article acheté*

20 % sur les articles suivants

* La réduction de 10 % porte sur l'article le plus cher.

..........................................................................

..........................................................................

Zoé a acheté dans ce même magasin un aspirateur affiché à 100 €, et deux fers à repasser affichés chacun à 45 €.
**Combien a-t-elle payé pour tous ses achats ?**

..........................................................................

## À toi de jouer !

**Rien ne sert de courir ; il faut partir à point :**
**Le lièvre et la tortue en sont un témoignage.**

Ainsi commence la célèbre fable de Jean de La Fontaine.
Savait-il que le lièvre se déplace à une vitesse moyenne de 60 km/h et que la tortue n'avance qu'à la vitesse moyenne de 0,25 km/h ?
Mais la tortue est tenace. Partie le samedi à midi, elle marche nuit et jour jusqu'au dimanche midi.
Le lièvre est flâneur, il s'amuse dans le champ de trèfles... Il batifole... Il se dit qu'il a tout son temps et que s'il part le dimanche à 11 h 55 du même endroit que Dame tortue, à midi, il l'aura dépassée.
**A-t-il raison de prendre ainsi tout son temps ?**

..........................................................................

..........................................................................

Corrigés p. 142

.... .... ....

## Morpion multiplicatif

**Nombre de joueurs** : 2. L'un des joueurs a les jetons rouges et l'autre les jetons bleus.

**Matériel** : le tableau des nombres, 2 dés, 10 petits jetons rouges et 10 petits jetons bleus.

**But du jeu** : placer le plus de jetons possibles sur des lignes, des colonnes ou les deux diagonales du tableau.

| | | | | | |
|---|---|---|---|---|---|
| 0 | 6 | 8 | 12 | 15 | 16 |
| 18 | 20 | 21 | 22 | 24 | 25 |
| 27 | 28 | 30 | 32 | 33 | 35 |
| 36 | 40 | 42 | 44 | 45 | 48 |
| 49 | 50 | 54 | 55 | 56 | 60 |
| 63 | 64 | 72 | 77 | 81 | 84 |

**Déroulement du jeu** :
- À tour de rôle, chaque joueur lance les dés.
- Chaque joueur cherche alors un nombre dans le tableau qui doit être un multiple du nombre représenté sur les 2 dés. Le joueur place un jeton de sa couleur sur la case qui contient ce nombre.
- Chaque case ne peut contenir qu'un seul jeton.
- Si un joueur ne trouve pas de case libre, il passe son tour.
- Si un joueur place un jeton sur un nombre qui n'est pas un multiple de celui représenté par les 2 dés, il reprend son jeton et passe deux fois son tour.
- Le jeu s'arrête lorsqu'un joueur a placé ses 10 jetons.

**Comptage des points :**

À la fin du jeu, on compte les points de la manière suivante :
- 3 jetons d'une couleur placés sur une colonne, une ligne ou une diagonale rapportent 1 point.
- 4 jetons d'une couleur placés sur une colonne, une ligne ou une diagonale rapportent 2 points.
- 5 jetons d'une couleur placés sur une colonne, une ligne ou une diagonale rapportent 5 points.
- 6 jetons d'une couleur placés sur une colonne, une ligne ou une diagonale rapportent 10 points.

Le gagnant est celui qui totalise le plus de points.

Le même pion peut être compté plusieurs fois, par exemple sur une ligne ou sur une diagonale.

### Exemple de début de partie :

Au premier lancé, les dés 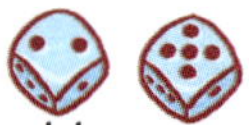 affichent 7 points. Le joueur a placé son pion bleu sur la case 77, ce qui est possible car $77 = 7 \times 11$.

| | | | | | |
|---|---|---|---|---|---|
| 0 | 6 | 8 | 12 | 15 | 16 |
| 18 | 20 | 21 | 22 | 24 | 25 |
| 27 | 28 | 30 | 32 | 33 | 35 |
| 36 | 40 | 42 | 44 | 45 | 48 |
| 49 | 50 | 54 | 55 | 56 | 60 |
| 63 | 64 | 72 | 77 | 81 | 84 |

Chouette

CE1 CE2

CM1 CM2

CORRIGÉS

# Calcul mental

# Corrigés CE1

## Unité 1 . . . . . . . . . . . . . . . . . . . . . .p.6-7

**2** huit : **8** / onze : **11** / seize : **16** / treize : **13** / vingt : **20** / quinze : **15** / quatorze : **14** / dix-neuf : **19** / dix : **10** / douze : **12** / dix-sept : **17** / dix-huit : **18**.

**3** **8** – 9 – **10** / **14** – 15 – **16** / **18** – 19 – **20** / **11** – 12 – **13** / **0** – 1 – **2** / **9** – 10 – **11**.

**4** 7 – 8 – 9 – **10 – 11 – 12 – 13 – 14 – 15 – 16 – 17 – 18 – 19 – 20**.

**5** 9 – 10 – 14 – 18 – 19 – 20.

**6** Il y a **18** tigres.

**7** *Pour répondre, tu peux compter toutes les formes coloriées ou calculer 12 + 2.* Il y a **14** formes coloriées.

### À TOI DE JOUER !

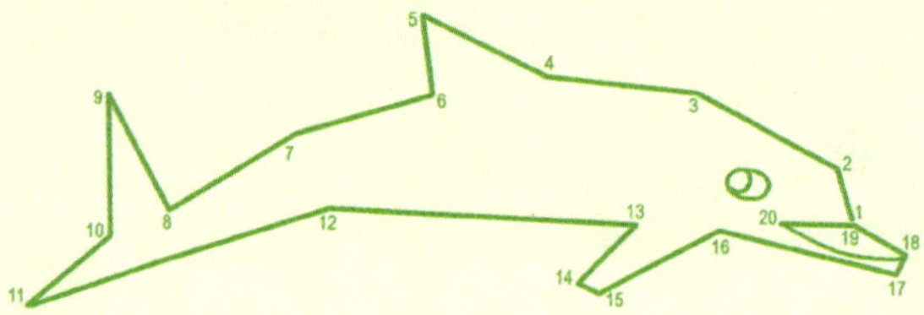

## Unité 2 . . . . . . . . . . . . . . . . . . . . . .p.8-9

**1**

| | | |
|---|---|---|
| 8 + 1 = **9** | 10 – 1 = **9** | 2 + 5 = **7** |
| 9 – 2 = **7** | 9 + 1 = **10** | 1 + 7 = **8** |
| 11 – 2 = **9** | 16 + 2 = **18** | 19 + 1 = **20** |
| 8 + 1 – 1 = **8** | 17 + 1 + 2 = **20** | 20 – 1 = **19** |

**2** 0 – 2 – 4 – 6 – **8 – 10 – 12 – 14 – 16 – 18 – 20**.
1 – 3 – 5 – 7 – **9 – 11 – 13 – 15 – 17 – 19 – 21**.
21 – 20 – 19 – **18 – 17 – 16 – 15 – 14 – 13 – 12 – 11**.
20 – 18 – 16 – **14 – 12 – 10 – 8 – 6 – 4 – 2 – 0**.

**3** Égalités justes : 8 + 2 = 10 / 3 + 1 = 4 / 10 – 0 = 10 / 18 + 2 = 20 / 17 – 1 = 16 / 9 + 2 = 11.
Il faut corriger : 10 + 2 = 12 / 18 – 1 = 17 / 20 – 2 = 18.

**4** Camille a **9** invités. Au total il y a **10** enfants.

**5** Camille Muffat a remporté **3** médailles aux jeux Olympiques de Londres 2012. *Si Camille Muffat a 2 médailles de moins que Allison Schmitt, c'est que Allison Schmitt en a 2 de plus que Camille Muffat.* Allison Schmitt a donc remporté **5** médailles aux jeux Olympiques de Londres 2012.

### À TOI DE JOUER !

| **15** | 19 | 5 | 14 | 20 | 8 |
|---|---|---|---|---|---|
| **14** | 18 | 14 | 1 | 13 | 4 |
| **13** | **12** | **11** | **10** | 5 | 17 |
| 18 | 19 | 12 | **9** | 6 | 15 |
| 16 | 15 | 14 | **8** | 5 | 19 |
| 16 | 11 | 19 | **7** | 4 | 20 |
| 14 | 10 | 7 | **6** | 3 | 9 |
| 11 | 6 | 14 | **5** | **4** | 1 |
| 16 | 11 | 19 | 1 | **3** | 0 |
| 13 | 19 | 5 | 14 | **2** | 8 |
| 13 | 19 | 5 | 14 | **1** | **0** |

## Unité 3 . . . . . . . . . . . . . . . . . . . .p.10-11

**2**

| | | |
|---|---|---|
| 3 + 2 + **5** = 10 | 5 + 2 + **3** = 10 | 5 + 1 + **4** = 10 |
| 2 + 2 + **6** = 10 | 0 + 1 + **9** = 10 | 2 + 7 + **1** = 10 |
| 2 + 1 + **7** = 10 | 8 + 2 + **0** = 10 | 10 + 0 + **0** = 10 |
| 0 + 2 + **8** = 10 | 6 + 2 + **2** = 10 | 6 + 2 + 1 + **1** = 10 |
| 4 + 6 + **0** = 10 | 4 + 3 + **3** = 10 | 3 + 3 + 3 + **1** = 10 |
| 3 + 5 + **2** = 10 | 1 + 4 + **5** = 10 | 1 + 5 + 2 + **2** = 10 |

**3**

| | | |
|---|---|---|
| 10 – 4 = **6** | 10 – 1 = **9** | 10 – 6 = **4** |
| 10 – 3 = **7** | 10 – 9 = **1** | 10 – 5 = **5** |
| 10 – 8 = **2** | 10 – 0 = **10** | 10 – 7 = **3** |

**4** *Il y a beaucoup de façons de compléter les bulles. Pour vérifier, tu peux utiliser une calculatrice.*

**5** *Cherche d'abord combien d'enfants sont trouvés, puis cherche combien sont encore cachés.* Après 3 minutes de recherche, **7** enfants sont encore cachés. Après 5 minutes de recherche, **5** enfants sont encore cachés.

**6** *Lucas m'a donné les 7 bonbons qui restent et les 3 que j'ai mangés.* Lucas m'a donné **10** bonbons.

### À TOI DE JOUER !

| ~~3~~ | ~~5~~ | ~~0~~ |
|---|---|---|
| ~~7~~ | ~~8~~ | 9 |
| ~~10~~ | ~~5~~ | ~~2~~ |

| ~~7~~ | 6 | ~~10~~ |
|---|---|---|
| ~~5~~ | ~~3~~ | ~~9~~ |
| ~~1~~ | ~~0~~ | ~~5~~ |

Dommage, maman ne peut pas faire sa délicieuse tarte : il lui manque un **œuf** et deux **citrons** !

## Unité 4 . . . . . . . . . . . . . . . . . . . .p.12-13

**1**

| Nombres | 5 | 9 | 10 | 6 | 8 | 3 | 7 | 4 |
|---|---|---|---|---|---|---|---|---|
| Leurs doubles | 10 | 18 | 20 | 12 | 16 | 6 | 14 | 8 |

**2** *Nombres à entourer :*
12 8 16 4 10 14 2 20

**3** 6 est le double de 3. 20 est le double de 10. 12 est le double de 6. 14 est le double de 7.
8 est le double de 4. 10 est le double de 5. 18 est le double de 9. 16 est le double de 8.

**4** 5 + 5 = 10 9 + 9 = 18 10 + 10 = 20
2 + 2 = 4 6 + 6 = 12

**5** Il a vendu 14 roses.

**6** Léon a raison car 9 + 9 = 18.

### À TOI DE JOUER !

Deux araignées de mer ont 20 pattes au total.
Il lui faut 10 minutes.

## Unité 5 . . . . . . . . . . . . . . . . . . . .p.14-15

**1** 3 + 2 = 5
5 + 5 = 10
2 + 7 = 9
8 + 0 = 8
1 + 8 = 9
10 – 1 = 9

4 + 6 = 10
8 + 6 = 14
9 + 3 = 12
11 – 3 = 8
14 – 5 = 9
7 – 5 = 2

5 + 8 = 13
10 + 8 = 18
8 + 9 = 17
16 – 6 = 10
14 – 4 = 10
9 + 7 = 16

**2** 5 + 2 = 7 8 + 1 = 9 3 + 3 = 6
1 + 7 = 8 2 + 6 = 8 6 + 3 = 9

**3** 2 / 8 / 5 / 9 / 10 / 5

**4** En bleu : 7 + 7 ; 10 + 4 ; 6 + 8 ; 9 + 5.
En rouge : 7 + 9 ; 8 + 8 ; 10 + 6.
En orange : 8 + 9 ; 9 + 8 ; 7 + 10.
En vert : 9 + 9 ; 8 + 10

**5** Il reste 6 gâteaux.

**6** Elle doit acheter 3 poissons.

**7** Il lui reste 4 œufs.

**8** Il faut 14 « perles lettres ». *(C'est le nombre de lettres de BONNE FÊTE MAMAN.)* Le collier de Léa aura 20 perles en tout. *Il faut calculer 14 + 3 + 3.*

### À TOI DE JOUER !

Il faut colorier ensemble : 6 ; 4 + 2 ; 2 + 8 ; 10 ; 5 + 4 ; 9 ; 10 – 8 ; 2 ; 10 + 4 ; 14 ; 7 – 4 ; 3 ; 9 + 9 ; 18 ; 8 + 9 ; 17.
La bulle mystère est la 1.

## Unité 6 . . . . . . . . . . . . . . . . . . .p.16-17

**2**

| 18 | 19 | 20 | 21 | 22 | 23 | 24 | 25 | 26 | 27 | 28 | 29 | 30 | 31 |
|---|---|---|---|---|---|---|---|---|---|---|---|---|---|

| 37 | 38 | 39 | 40 | 41 | 42 | 43 | 44 | 45 | 46 | 47 | 48 | 49 | 50 |
|---|---|---|---|---|---|---|---|---|---|---|---|---|---|

| 67 | 68 | 69 | 70 | 71 | 72 | 73 | 74 | 75 | 76 | 77 | 78 | 79 | 80 |
|---|---|---|---|---|---|---|---|---|---|---|---|---|---|

| 78 | 79 | 80 | 81 | 82 | 83 | 84 | 85 | 86 | 87 | 88 | 89 | 90 | 91 |
|---|---|---|---|---|---|---|---|---|---|---|---|---|---|

**3** 38 / 29 / 53 / 81 / 68 / 75 / 78 / 92 / 79 / 70.

**4** 23 < 26 < 47 < 54 < 67 < 75 < 87 < 89 < 98 < 100.

**5** 59 – 60 – 61 / 78 – 79 – 80 / 98 – 99 – 100 / 79 – 80 – 81

**6** La mamie la plus jeune est celle de Manon, la plus âgée est celle de Clara. 59 ans, 60 ans, 64 ans, 72 ans, 81 ans.

**7** L'année dernière, elle avait 59 ans. L'année prochaine, elle aura 61 ans. Dans 5 ans, elle aura 65 ans.

### À TOI DE JOUER !

Je suis une sorcière.

## Unité 7 . . . . . . . . . . . . . . . . . .p.18-19

**1** 15 → dizaine supérieure : 20 / Nombre à ajouter : 5.
62 → dizaine supérieure : 70 / Nombre à ajouter : 8.
81 → dizaine supérieure : 90 / Nombre à ajouter : 9.

**2** De 27 à 30 : 3 / De 54 à 60 : 6 / De 78 à 80 : 2 / De 53 à 60 : 7 / De 31 à 40 : 9 / De 62 à 70 : 8.

**3** 20 = 14 + 6 / 50 = 45 + 5 / 70 = 64 + 6 / 30 = 26 + 4 / 40 = 31 + 9 / 90 = 87 + 3 / 20 = 19 + 1 / 50 = 42 + 8 / 20 = 11 + 9 / 60 = 53 + 7 / 70 = 68 + 2 / 40 = 32 + 8 / 80 = 79 + 1 / 80 = 73 + 7 / 30 = 25 + 5.

**4** La vendeuse lui rend 8 €.

**5** Il lui reste 6 pièces à poser.

## Unité 8 . . . . . . . . . . . . . . . . . . . p.20-21

1 Multiples de 10 : 40 / 50 / 70 / 20 / 90.

2 40 + 10 = 50 | 60 + 30 = 90 | 30 + 30 = 60
70 + 20 = 90 | 50 + 10 = 60 | 50 + 20 = 70
40 + 40 = 80 | 20 + 40 = 60 | 60 + 40 = 100
20 + 30 = 50 | 20 + 60 = 80 | 80 + 20 = 100

3 50 + 24 = 74 | 80 + 15 = 95 | 48 + 30 = 78
75 + 20 = 95

4 Quand le car redémarre, il y a 40 élèves.

5 Bertrand a 74 cartes de foot.

### À TOI DE JOUER !

## Unité 9 . . . . . . . . . . . . . . . . . . . p.22-23

1 38 + 4 = 42 | 7 + 54 = 61 | 25 + 9 = 34
23 + 7 = 30 | 4 + 23 = 27 | 87 + 3 = 90
51 + 9 = 60 | 3 + 85 = 88 | 64 + 5 = 69
24 + 6 = 30 | 8 + 64 = 72 | 47 + 8 = 55

2 30 – 32 – 41 – 44 – 48 – 56 – 61.

3 De 12 à 17 : 5 / De 25 à 31 : 6 / De 31 à 39 : 8 / De 85 à 94 : 9 / De 70 à 75 : 5.

4 Après la récréation, Léo a 33 billes.

5 32 livres ont été prêtés dans la journée.

### À TOI DE JOUER !

| 16 | 2 | 12 |
|---|---|---|
| 6 | 10 | 14 |
| 8 | 18 | 4 |

| 10 | 5 | 6 |
|---|---|---|
| 3 | 7 | 11 |
| 8 | 9 | 4 |

## Unité 10 . . . . . . . . . . . . . . . . . . . p.24-25

1 Voir la table de multiplication p. 144.

2 10 points (5 × 2) / 25 points (5 × 5) / 15 points (5 × 3) / 40 points (5 × 8) / 30 points (5 × 6).

3 5 × 10 = 50 | 9 × 10 = 90 | 2 × 10 = 20
4 × 10 = 40 | 7 × 10 = 70 | 3 × 10 = 30

4 Il y a 8 rangées.

5 La maîtresse de Jade a 40 ans.

### À TOI DE JOUER !

Nathan a marqué 24 points. Théodore a marqué 20 points. Maxime a marqué 25 points. C'est donc Maxime qui a gagné.

## Unité 11 . . . . . . . . . . . . . . . . . . . p.26-27

2

| 108 | 109 | 110 | 111 | 112 | 113 | 114 |
|---|---|---|---|---|---|---|
| 115 | 116 | 117 | 118 | 119 | 120 | 121 |
| 370 | 371 | 372 | 373 | 374 | 375 | 376 |
| 377 | 378 | 379 | 380 | 381 | 382 | 383 |
| 678 | 679 | 680 | 681 | 682 | 683 | 684 |
| 685 | 686 | 687 | 688 | 689 | 690 | 691 |
| 904 | 905 | 906 | 907 | 908 | 909 | 910 |
| 911 | 912 | 913 | 914 | 915 | 916 | 917 |

3 138 / 229 / 753 / 400 / 375 / 208 / 192 / 304.

4 45 < 54 < 189 < 325 < 547 < 657 < 742 < 780 < 845 < 905.

5 654 = 600 + 50 + 4 | 112 = 100 + 10 + 2
548 = 500 + 40 + 8 | 920 = 900 + 20
208 = 200 + 8 | 444 = 400 + 40 + 4

6 147 / 405 / 555 / 810.

7 350 g < 375 g < 500 g < 750 g.

8 Le plus grand : 742. Le plus petit : 247.

### À TOI DE JOUER !

Je suis 111. Je suis 444.

## Unité 12 p.28-29

**1**

| 0 | 5 | 10 | 15 | 20 | 25 | 30 | 35 |
|---|---|---|---|---|---|---|---|
| 50 | 55 | 60 | 65 | 70 | 75 | 80 | 85 |
| 47 | 52 | 57 | 62 | 67 | 72 | 77 | 82 |

**2**

| 35 | 30 | 25 | 20 | 15 | 10 | 5 | 0 |
|---|---|---|---|---|---|---|---|
| 95 | 90 | 85 | 80 | 75 | 70 | 65 | 60 |

**3**

| 0 | 10 | 20 | 30 | 40 | 50 | 60 | 70 |
|---|---|---|---|---|---|---|---|
| 50 | 60 | 70 | 80 | 90 | 100 | 110 | 120 |
| 12 | 22 | 32 | 42 | 52 | 62 | 72 | 82 |

**4**

| 100 | 90 | 80 | 70 | 60 | 50 | 40 | 30 |
|---|---|---|---|---|---|---|---|
| 98 | 88 | 78 | 68 | 58 | 48 | 38 | 28 |

**5**

| 0 | 100 | 200 | 300 | 400 | 500 | 600 | 700 |
|---|---|---|---|---|---|---|---|
| 150 | 250 | 350 | 450 | 550 | 650 | 750 | 850 |
| 259 | 359 | 459 | 559 | 659 | 759 | 859 | 959 |

**6**

| 900 | 800 | 700 | 600 | 500 | 400 | 300 | 200 |
|---|---|---|---|---|---|---|---|
| 830 | 730 | 630 | 530 | 430 | 330 | 230 | 130 |

**7** Question n° 3 : 240 / 340 / 440 / 540 / 640 / 740 / 840 / 940
Question n° 1 : 40 / 45 / 50 / 55 / 60 / 65 / 70 / 80
Question n° 2 : 20 / 30 / 40 / 50 / 60 / 70 / 80 /90

**8** Nombres manquants : 30 / 80 / 700.

### À TOI DE JOUER !

vingt imposants éléphants / cinquante minuscules fourmis / et même trois cents

## Unité 13 p.30-31

**1** Si on double cette pile de livres, il y aura 14 livres. Si on double ce tas de balles de ping-pong, il y aura 48 balles.

**2** Si on mange au goûter la moitié de ces gâteaux, on mangera 8 gâteaux. Si on partage ce lot de cartes en deux, on aura 14 cartes.

**3** Le double de 11 est 22.
Le double de 20 est 40.
Le double de 50 est 100.
Le double de 12 est 24.
Le double de 25 est 50.
Le double de 30 est 60.
Le double de 80 est 160.
La moitié de 8 est 4.
La moitié de 20 est 10.
La moitié de 40 est 20.
La moitié de 120 est 60.
Le double de 100 est 200.
La moitié de 12 est 6.
La moitié de 28 est 14.
La moitié de 100 est 50.
La moitié de 200 est 100.

**4** Emma a 30 bracelets.

**5** Il donne 15 feutres à son petit frère.

### À TOI DE JOUER !

## Unité 14 p.32-33

**1** 54 + 42 = 50 + 40 + 4 + 2 = 90 + 6 = 96
68 + 11 = 60 + 10 + 8 + 1 = 70 + 9 = 79
28 + 32 = 20 + 30 + 8 + 2 = 50 + 10 = 60

**2** 47 + 32 = 40 + 7 + 32 = 40 + 39 = 79
55 + 15 = 55 + 10 + 5 = 65 + 5 = 70
68 + 11 = 68 + 10 + 1 = 78 + 1 = 79
35 + 35 = 30 + 5 + 35 = 30 + 40 = 70
38 + 12 = 38 + 10 + 2 = 40 + 10 = 50
34 + 43 = 34 + 40 + 3 = 37 + 40 = 77

**3** 34 + 52 = 86
45 + 15 = 60
57 + 23 = 80

**4** 55 + 12 = 60 + 12 − 5 = 67
62 + 26 = 70 + 26 − 8 = 88

**5** 14 + 15 = 29 / 32 + 33 = 65.

**6** Il y a 48 gâteaux.

### À TOI DE JOUER !

| 24 | + 12 | = 36 | 54 | 60 |
|---|---|---|---|---|
| 45 | 28 | 27 | 32 | + 20 |
| 87 | + 12 | = 99 | + 23 | = 80 |
| 15 | = 40 | 10 | = 55 | 52 |
| + 25 | 57 | + 40 | 11 | + 23 |
| = 40 | 34 | + 50 | = 84 | = 75 |

# Corrigés CE2

## Unité 1 p.36-37

**1** 15 + 62 = **77** | 37 + 32 = **69** | 54 + 84 = **138**
38 + 12 = **50** | 64 + 53 = **117** | 83 + 28 = **111**
35 + 63 = **98** | 53 + 72 = **125** | 91 + 46 = **137**
17 + 83 = **100** | 49 + 49 = **98** | 55 + 76 = **131**

**2** 45 − 23 = **22** | 67 − 62 = **5**
68 − 3 = **65** | 68 − 40 = **28**
84 − 52 = **32** | 73 − 20 = **53**
89 − 17 = **72** | 59 − 43 = **16**
175 − 72 = **103** | 270 − 70 = **200**
383 − 62 = **321** | 498 − 276 = **222**

**3**

12 | 11 | 21 | 11
23 | **32** | 32
**55** | **64**
**119**

**10** | 11 | 11 | **13**
21 | **22** | 24
**43** | **46**
**89**

**4** Paulette a **68** ans.

**5** *Pour trouver les km qui restent à parcourir, tu peux enlever de la distance totale les km déjà parcourus.* Pour arriver sur leur lieu de vacances, ils doivent encore parcourir **232** km.

### À TOI DE JOUER !

49 − 17 = **32.** 32 est le nombre mystérieux.

## Unité 2 p.38-39

**1** 4 8 **16** **32** **64** **128** **256**

**2** Le double de 35 est **70**.
Le double de 54 est **108**.
Le double de 75 est **150**.
Le double de 123 est **246**.
Le double de 253 est **506**.
Le double de 261 est **522**.

**3** Pour trouver la moitié de 58, je cherche déjà la moitié de 50. C'est **25**. Ensuite je cherche la moitié de **8**, c'est 4. J'additionne alors **25** et **4**. Et je trouve 29. C'est la **moitié** de 58.
Pour trouver la moitié de 264 je cherche déjà la moitié de **200**, c'est 100. Ensuite je cherche la moitié de 60, c'est **30**. Et enfin la moitié de **4** c'est 2. J'additionne alors **100**, **30** et **2** et je trouve **132**. C'est la moitié de 264.

**4** La moitié de 48 est **24**. | La moitié de 124 est **62**.
La moitié de 70 est **35**. | La moitié de 264 est **132**.
La moitié de 92 est **46**. | La moitié de 418 est **209**.

**5** *Il faut trouver combien d'étapes sont nécessaires à chacun pour dépasser 550.*
*Pour Damien :* 35 → 135 → 235 → 335 → 435 → 535 → 635 donc 6 étapes.
*Pour Théo :* 35 → 70 → 140 → 280 → 560 donc 4 étapes.
C'est donc **Théo** qui arrivera le premier à dépasser 550.

**6** *Si elle en a lu la moitié, il lui en reste la moitié à lire.*
Il lui reste **125** pages à lire.

### À TOI DE JOUER !

Ingrédients pour **6** personnes : **200** g de chocolat noir / **4** œufs entiers / **80** g de farine / **150** g de sucre en poudre /**150** g de beurre.

## Unité 3 p.40-41

**1** Ce qu'il faut ajouter :
à 12 pour obtenir 20 : **8**
à 55 pour obtenir 60 : **5**
à 72 pour obtenir 80 : **8**
à 63 pour obtenir 70 : **7**
à 123 pour obtenir 130 : **7**
à 531 pour obtenir 540 : **9**

**2** Pour aller de 28 à 50, je vais de 28 à **30** puis de **30** à **50**, j'ai avancé de **22**.
Pour aller de 65 à 80, je vais de 65 à **70** puis de **70** à **80**, j'ai avancé de **15**.
Pour aller de 77 à 90, je vais de 77 à **80** puis de **80** à **90**, j'ai avancé de **13**.
Pour aller de 47 à 90, je vais de 47 à **50** puis de **50** à **90**, j'ai avancé de **43**.
Pour aller de 132 à 200, je vais de 132 à **140** puis de **140** à **200**, j'ai avancé de **68**.

**3** 65 + **25** = 90 | 34 + **16** = 50
68 + **32** = 100 | 328 + **62** = 390
603 + **77** = 680 | 491 + **9** = 500

**4** Il manque à Flavie **46** fèves.

**5** *Attention, lorsque Jean sera assis, il y aura 53 personnes installées.* Il restera **27** places libres.

**6** Il est devenu empereur à l'âge de **58** ans.

### À TOI DE JOUER !

Le kangourou a parcouru **36** mètre et l'antilope **45** mètres.

## Unité 4 p.42-43

**1** 36 + 9 = **45** | 18 + 9 = **27** | 137 + 9 = **146**
49 + 19 = **68** | 68 + 19 = **87** | 184 + 19 = **203**

2 34 + 11 = **45**　　61 + 11 = **72**　　87 + 11 = **98**
21 + 21 = **42**　　38 + 21 = **59**　　138 + 11 = **149**

3 75 − 9 = **66**　　68 − 9 = **59**　　134 − 9 = **125**
168 − 19 = **149**　　68 − 19 = **49**　　178 − 19 = **159**

4 27 − 11 = **16**　　38 − 11 = **27**　　149 − 11 = **138**
81 − 21 = **60**　　64 − 21 = **43**　　186 − 21 = **165**

5 Dans le jardin de Lucette, il y a **56** tulipes.
Il reste **26** tulipes rouges. Il reste **45** tulipes.

6 Après le troisième arrêt, il y a **20** personnes dans l'autobus.

## À TOI DE JOUER !

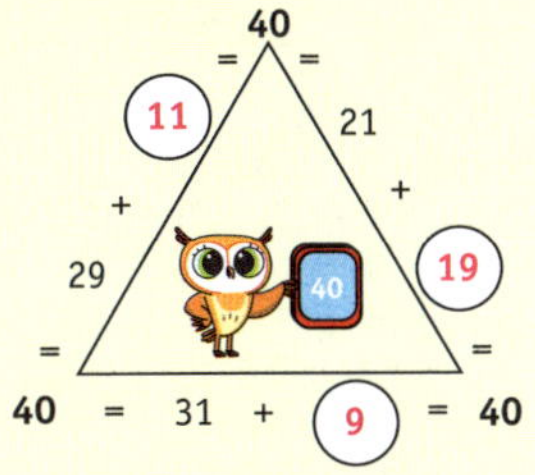


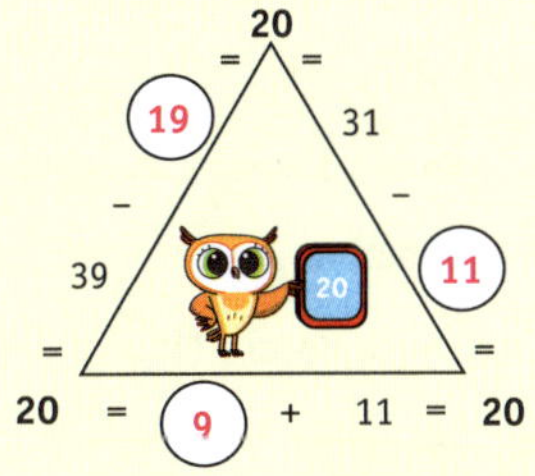


## Unité 5 p.44-45

2 **3 147** / **40 405** / **200 555** / **8 810.**

3 3 654 = **3 000 + 600 + 50 + 4**
12 548 = **10 000 + 2 000 + 500 + 40 + 8**
35 208 = **30 000 + 5 000 + 200 + 8**
124 112 = **100 000 + 20 000 + 4 000 + 100 + 10 + 2**
29 920 = **20 000 + 9 000 + 900 + 20**

4 Mer puis Mouette, puis Vacances, puis Vague.

5 Planète la plus petite : Mercure. Planète la plus grande : Jupiter. 1. Mercure / 2. Mars / 3. Vénus / 4. Terre / 5. Neptune / 6. Uranus / 7. Saturne / 8. Jupiter.

## À TOI DE JOUER !

Le plus petit nombre : **1 345**. Le plus grand nombre : **9 985**.

## Unité 6 p.46-47

1

| 135 | 145 | 155 | **165** | **175** | **185** | **195** | **205** | **215** | **225** |
|---|---|---|---|---|---|---|---|---|---|
| 650 | 750 | 850 | **950** | **1 050** | **1 150** | **1 250** | **1 350** | **1 450** | **1 550** |
| 1 000 | 2 000 | 3 000 | **4 000** | **5 000** | **6 000** | **7 000** | **8 000** | **9 000** | **10 000** |
| 4 500 | 5 500 | 6 500 | **7 500** | **8 500** | **9 500** | **10 500** | **11 500** | **12 500** | **13 500** |
| 1 040 | 1 030 | 1 020 | **1 010** | **1 000** | **990** | **980** | **970** | **960** | **950** |
| 1 505 | 1 405 | 1 305 | **1 205** | **1 105** | **1 005** | **905** | **805** | **705** | **605** |
| 18 000 | 17 000 | 16 000 | **15 000** | **14 000** | **13 000** | **12 000** | **11 000** | **10 000** | **9 000** |

2 *Suite 1* : l'intrus est **150**.
*Suite 2* : l'intrus est **1 120**.
*Suite 3* : l'intrus est **10 004**.

3 Dans le placard, il y a **440** craies.

4 La maîtresse a **2 205** trombones.

## À TOI DE JOUER !

De la 3e machine sort le nombre **1 111**.
De la 4e machine sort le nombre **2 111**.

| Nombre mis dans la 1re machine | 1 | 5 000 | 10 000 |
|---|---|---|---|
| Nombre sorti de la 4e machine | **1 112** | **6 111** | **11 111** |

## Unité 7 p.48-49

1 Il faut entourer 40 − 50 − 70 − 20 − 90.

2 Il faut entourer 200 − 4 500 − 500 − 200 − 900.

3 40 + 10 = **50**　　70 − 20 = **50**
40 + 40 = **80**　　20 + 30 = **50**
60 − 30 = **30**　　300 − 200 = **100**
500 + 100 = **600**　　800 − 300 = **500**
50 + 20 = **70**　　600 − 300 = **300**
800 + 200 = **1 000**　　20 + 60 = **80**
500 + 600 = **1 100**　　1 200 − 700 = **500**

4 54 − 20 = **34**　　800 + 15 = **815**
48 + 30 = **78**　　738 − 200 = **538**

5 **350** kg − **150** kg.

6 **250** cm − **850** cm.

## À TOI DE JOUER !

**700 – 200** = 500 ou **400 + 100** = 500
ou **300 + 200** = 500
**878 – 400** = 478 ou **300 + 178** = 478
**962 – 100** = 862 ou **600 + 262** = 862

## Unité 8 ........................ p.50-51

**1**

| | | |
|---|---|---|
| 5 × 2 = **10** | 10 × **4** = 40 | 4 × 7 = **28** |
| 5 × 8 = **40** | **10** × 3 = 30 | 2 × 9 = **18** |
| 4 × 8 = **32** | 5 × **5** = 25 | 10 × 5 = **50** |
| 6 × 2 = **12** | 4 × 4 = **16** | 10 × **9** = 90 |
| **4** × 7 = 28 | 5 × **7** = 35 | 10 × 10 = **100** |

**2**

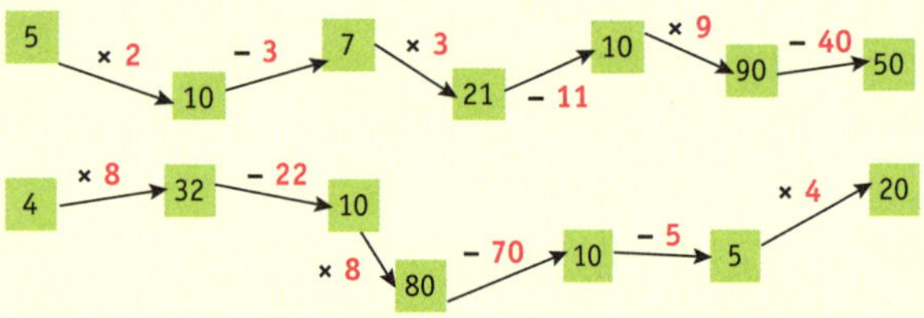


**3** *N'oublie pas qu'il y a des statues de chaque côté de l'allée et aussi dans les 4 escaliers de pierre.* Dans les jardins du château, Capucine a vu **40** statues, **30** fontaines et **90** roses.

**4** Il y avait **30** carrés (6 × 5 = 30). **6** carrés ont été mangés (3 × 2).

## À TOI DE JOUER !

Toutes les réponses sont en page 144 du cahier !

## Unité 9 ........................ p.52-53

**1** Dans la table de 3 : 18 – 15 – 24 – 12 – 30 – 6 – 9 – 54.

**2** Dans la table de 6 : 18 – 24 – 12 – 30 – 60 – 54.

**3** Dans la table de 3 et de 6 : 18 – 24 – 12 – 30 – 60 – 54.

**4**

| | | |
|---|---|---|
| 6 × 3 = **18** | 6 × 4 = **24** | 3 × 4 = **12** |
| **6** × 2 = 12 | 7 × 6 = **42** | 3 × **8** = 24 |
| 3 × 6 = **18** | **10** × 6 = 60 | 3 × 2 = **6** |
| 3 × **9** = 27 | 9 × 6 = **54** | **3** × 3 = 9 |
| 6 × 5 = **30** | 6 × **6** = 36 | 3 × **7** = 21 |
| **3** × 5 = 15 | 6 × 8 = **48** | 3 × **10** = 30 |

**5** Une écharpe mesure **3** mètres.

**6** Maman devra payer **48** €.

**7** J'ai **32** voitures. (5 × 6 = 30 et il reste 2 voitures, ce qui fait 32 voitures).

## À TOI DE JOUER !

| | |
|---|---|
| 1 × 3 = 3, | **Je vois** |
| 2 × 3 = 6, | **des écrevisses** |
| 3 × 3 = 9, | **qui surfent avec un bœuf !** |
| 4 × 3 = 12, | **Le mammifère et les Andalouses** |
| 5 × 3 = 15, | **sont au moins soixante-quinze !** |
| 6 × 3 = 18, | **J'aperçois ensuite** |
| 7 × 3 = 21, | **dans ce drôle de matin** |
| 8 × 3 = 24, | **de rosâtres** |
| 9 × 3 = 27, | **crevettes** |
| 10 × 3 = 30, | **faire du parapente !** |

## Unité 10 ........................ p.54-55

**1** Il faut barrer : 30 – 46 – 29 – 34.

**2** Il faut barrer : 42 – 70 – 31.

**3** Il faut barrer : 28 – 12 – 65 – 10 – 35.

**4**

| | | |
|---|---|---|
| 7 × 3 = **21** | 8 × 4 = **32** | **8** × 2 = 16 |
| 7 × 6 = **42** | 3 × 9 = **27** | **10** × 7 = 70 |
| 6 × **9** = 54 | 9 × 3 = **27** | 7 × 5 = **35** |
| 6 × **8** = 48 | **6** × 7 = 42 | 4 × 8 = **32** |

**5** 4 × 3 ; 6 + 6 ; 6 × 2 ; 8 + 4 ; 12 × 1 ; 7 + 5.

**6** 6 × 4 ; 12 + 12 ; 24 × 1 ; 8 × 3 ; 20 + 4 ; 19 + 5.

**7** Les nombres mystérieux sont : **100** ; **50** ; **100**.

**8** Le pâtissier a utilisé **96** décorations.

## À TOI DE JOUER !

Le calcul mental c'est chouette !

## Unité 11 ........................ p.56-57

**1**

| | | |
|---|---|---|
| 5 + 5 = **10** | 15 + 15 = **30** | 30 + 30 = **60** |
| 45 + 15 = **60** | 30 × 2 = **60** | 15 × 2 = **30** |
| 15 × 3 = **45** | 15 × 4 = **60** | 60 – 30 = **30** |
| 45 – 30 = **15** | 30 – 15 = **15** | 60 – 15 = **45** |

**2**

| | | |
|---|---|---|
| 25 + 25 = **50** | 50 + 25 = **75** | 50 + 50 = **100** |
| 75 + 25 = **100** | 25 × 3 = **75** | 50 × 3 = **150** |
| 25 × 4 = **100** | 75 × 2 = **150** | 50 – 25 = **25** |
| 75 – 50 = **25** | 30 – 15 = **15** | 100 – 75 = **25** |

**3**

| | | |
|---|---|---|
| 50 × 2 | 10 × 10 | 5 × 20 |
| 75 + 25 | 5 + 25 + 25 + 25 | 35 + 35 + 15 + 15 |
| 4 × 25 | 60 + 40 | |

**4**

| | | |
|---|---|---|
| 5 × 12 | 15 × 4 | 20 + 20 + 20 |
| 6 × 10 | 15 + 15 + 15 + 15 | 50 + 10 |
| 100 – 40 | | |

**5** **30** minutes ; **15** minutes ; **40** minutes.

6 Chaque semaine, Thomas s'entraîne au tennis pendant **4 h 45 min**.

## À TOI DE JOUER !

*Par exemple* : 24 + 76 = 100  21 + 79 = 100
14 + 86 = 100  87 + 13 = 100  16 + 84 = 100
17 + 83 = 100 …
*Par exemple* : 25 × 4 = 100  20 × 5 = 100  50 × 2 = 100

## Unité 12 p.58-59

1
| | | |
|---|---|---|
| 7 × 10 = **70** | 7 × 20 = **140** | 7 × 50 = **350** |
| 7 × 100 = **700** | 16 × 2 = **32** | 16 × 20 = **320** |
| 16 × 100 = **1 600** | 16 × 200 = **3 200** | 70 × 8 = **560** |
| 90 × 3 = **270** | 80 × 5 = **400** | 90 × 9 = **810** |

2
| | | |
|---|---|---|
| 8 × **10** = 80 | 8 × **20** = 160 | 8 × **5** = 40 |
| 8 × **50** = 400 | 20 × **2** = 40 | 20 × **20** = 400 |
| 20 × **5** = 100 | 20 × **50** = 1 000 | 70 × **3** = 210 |
| 70 × **30** = 2 100 | 70 × **5** = 350 | 70 × **70** = 4 900 |

3 320 × 2  32 × 20  8 × 80  160 × 4
16 × 40  64 × 10

4 24 × 20  160 × 3  8 × 60  10 × 48
40 × 12  80 × 6  16 × 30

5 Il y a **180** œufs au total.

6 Isidore a rempli **40** boîtes.

7 Elle a rempli **5** sachets de 10 bonbons (50 bonbons) et **5** sachets de 20 bonbons (100 bonbons). Elle a bien utilisé 150 bonbons au total.

## À TOI DE JOUER !

Eva doit placer ses 4 palets sur la zone **30**. 4 × 30 = 120.
Antoine doit placer 2 palets sur la zone **40** et 2 palets sur la zone **20**. 40 + 40 + 20 + 20 = 120.
Ou bien il peut placer 3 palets dans la zone **20** et 1 palet dans la zone **60**. 20 + 20 + 20 + 60 = 120.

## Unité 13 p.60-61

1 50 est le **double** de 25.  Le **quart** de 40 est 10.
La **moitié** de 80 est 40.  20 est le **quadruple** de 5.

2
| | |
|---|---|
| le double de 34 : **68** | le double de 47 : **94** |
| la moitié de 62 : **31** | le double de 35 : **70** |
| le double de 28 : **56** | la moitié de 40 : **20** |
| la moitié de 38 : **19** | le double de 54 : **108** |
| la moitié de 200 : **100** | le double de 49 : **98** |
| la moitié de 72 : **36** | la moitié de 70 : **35** |

3
| | |
|---|---|
| le quart de 80 : **20** | le quadruple de 6 : **24** |
| le quart de 800 : **200** | le quart de 24 : **6** |
| le quart de 28 : **7** | le quadruple de 150 : **600** |
| le quadruple de 12 : **48** | le quart de 60 : **15** |
| le quadruple de 50 : **200** | le quart de 44 : **11** |
| le quadruple de 100 : **400** | |
| le quadruple de 70 : **280** | |

4 Morgane a utilisé **69** perles en tout (12 vertes, 6 jaunes, 3 bleues et 48 rouges).

5 Il y a **32** oisillons dans mon jardin.

## À TOI DE JOUER !

**1re énigme :** Si, au bout de 30 jours, la totalité de l'étang est recouverte par le nénuphar, cet étang était à moitié recouvert la veille, soit le **29e** jour.
Si l'étang est à moitié recouvert par le nénuphar le 29e jour, le quart de sa surface était recouvert la veille, soit le **28e** jour.
**2e énigme** : S'il y a 16 ailes, il y a donc **8 canards**. S'il y a 40 yeux, il y a donc 20 animaux. Parmi ces 20 animaux, on sait qu'il y a 8 canards, donc il reste **12 chevaux**.
**3e énigme :** Martin a 2 ans, Anaïs a 8 ans et leur maman a 32 ans.

## Unité 14 p.62-63

1 75 est le **triple** de 25. Le **tiers** de 60 est 20. Le **tiers** de 120 est 40. 210 est le **triple** de 70. Le **tiers** de 300 est 100. Le **triple** de 50 est 150.

2
| | |
|---|---|
| le triple de 20 : **60** | le triple de 200 : **600** |
| le tiers de 33 : **11** | le triple de 9 : **27** |
| le tiers de 60 : **20** | le triple de 40 : **120** |
| le tiers de 24 : **8** | le triple de 50 : **150** |
| le tiers de 600 : **200** | le tiers de 300 : **100** |
| le tiers de 150 : **50** | le triple de 70 : **210** |

3 8 → 24 → 12 → 4 → 16
90 → 30 → 10 → 40 → 120
25 → 75 → 150 → 50 → 200
8 → 24 → 72 → 18 → 6

4 Le livre *Zoé et Paloma* a **120** pages (le tiers de 360). Le livre *Mystère à Londres* a **160** pages (le quadruple de 40).

5 Deux adultes vont payer **216 €** pour 3 jours. Le tarif pour un enfant est de **12 €**. Deux adultes et trois enfants vont payer **324 €** pour 3 jours. (216 + 108 = 324).

## À TOI DE JOUER !

Le premier nombre vaut un de moins que le triple de 22. C'est **65**. Le deuxième nombre est le tiers du double de 456. C'est **304**. Le troisième nombre est le tiers du quart de 6 000. C'est **500**. Je suis le nombre d'habitants en France. **65 304 500 habitants.**

# Corrigés CM1

## Unité 1 p.66-67

**1** 40 + 50 = 90 — 90 − 70 = 20 — 80 + 60 = 140
80 + 80 = 160 — 180 − 90 = 90 — 70 + 80 = 150
400 + 600 = 1 000 — 800 − 500 = 300
600 + 300 = 900 — 700 + 900 = 1 600
1 400 − 800 = 600 — 700 + 600 = 1 300
8 000 + 5 000 = 13 000 — 12 000 − 9 000 = 3 000
9 000 + 2 000 = 11 000

**2** 80 → 120 → 160 → 200 → 240 → 280 → 320 → 360
2 700 → 2 500 → 2 300→ 2 100 → 1 900 → 1 700 → 1 500 → 1 300
3 000 → 6 000 → 9 000 → 12 000 → 15 000 → 18 000 → 21 000 → 24 000

**3** 160 = 90 + 70 — 1 400 = 800 + 600
1 800 = 1 300 + 500 — 2 000 = 1 300 + 700
20 = 90 − 70 — 80 = 160 − 80
300 = 800 − 500 — 600 = 1 300 − 700

**4** Monsieur Radius a payé 1 300 € et Monsieur Cubitus a payé 1 200 €. Le canapé le plus cher est celui acheté par Monsieur Radius.

**5** *Il faut utiliser le plus possible de billets de plus grande valeur.* Il faut payer avec 2 billets de 500 €, 1 billet de 200 €, 1 billet de 100 €, 1 billet de 50 € et 1 billet de 20 €.

### À TOI DE JOUER !

Cet animal est la CHOUETTE.

## Unité 2 p.68-69

**1** Le complément de 78 à 150 est 72.
Le complément de 97 à 200 est 103.
Le complément de 245 à 1 000 est 755.

**2** De 300 à 1 000 → 700 — De 650 à 1 000 → 350
De 150 à 1 000 → 850 — De 875 à 1 000 → 125

**3** 26 à 30 : 4 — 147 à 150 : 3 — 350 à 400 : 50
26 à 50 : 24 — 147 à 160 : 13 — 350 à 500 : 150
26 à 100 : 74 — 147 à 200 : 53 — 350 à 1 000 : 650
26 à 120 : 94 — 147 à 300 : 153 — 350 à 1 200 : 850
26 à 200 : 174 — 147 à 350 : 203 — 350 à 2 000 : 1 650

**4** *Il faut d'abord trouver le prix total du vélo et du casque :* 150 € + 15 € = 165 €. Le marchand doit lui rendre 35 €.

**5** Comme 415 m + 415 m = 830 m, il faut faire un peu plus de 2 tours complets de circuit.
Après 2 tours complets, il reste donc 170 m à parcourir.

### À TOI DE JOUER !

| 45 | 30 | 25 |
|---|---|---|
| 15 | 20 | 65 |
| 40 | 50 | 10 |

| 250 | 600 | 150 |
|---|---|---|
| 500 | 80 | 420 |
| 250 | 320 | 430 |

## Unité 3 p.70-71

**1** 5 + 23 + 25 + 8 + 7 = 68
16 + 15 + 104 + 105 = 240
12 + 36 + 9 + 8 + 11 = 76
125 + 250 + 25 + 50 + 10 = 460

**2** 16 + 9 = 25 — 27 − 9 = 18 — 18 + 21 = 39
26 + 25 = 51 — 58 − 49 = 9 — 56 + 19 = 75
159 + 11 = 170 — 175 − 25 = 150 — 102 + 50 = 152
136 + 19 = 155 — 156 − 9 = 147 — 96 + 101 = 197
148 + 32 = 180 — 209 − 199 = 10 — 89 + 99 = 188

**3** 50 → 68 → 86 → 104 → 122 → 140 → 158 → 176 → 194 → 212
159 → 150 → 141 → 132 → 123 → 114 → 105 → 96 → 87 → 78

**4** Claire a 101 timbres de plus que Lise et 119 de plus qu'Aurélien. Aurélien en a 18 de moins que Lise. S'ils les regroupent ensemble, ils auront 230 timbres.

**5** *Tu peux d'abord additionner tous les âges donnés par Timéo (130 ans).* Timéo a donc 10 ans.

### À TOI DE JOUER !

En partant de la boîte du haut de la pile : 257 puis 143 − 114 puis 90 − 53 − 61 puis 58 − 32 − 21 − 40 puis 38 − 20 − 12 − 9 − 31.

## Unité 4 p.72-73

**2** 8 × 3 = 24 — 7 × 5 = 35 — 6 × 6 = 36 — 9 × 4 = 36
9 × 7 = 63 — 6 × 8 = 48 — 7 × 8 = 56 — 3 × 9 = 27
5 × 8 = 40 — 2 × 7 = 14 — 8 × 8 = 64 — 8 × 9 = 72

**3**

| × | 3 | 4 | 7 | 8 | 9 |
|---|---|---|---|---|---|
| 3 | 9 | 12 | 21 | 24 | 27 |
| 5 | 15 | 20 | 35 | 40 | 45 |
| 6 | 18 | 24 | 42 | 48 | 54 |
| 8 | 24 | 32 | 56 | 64 | 72 |
| 9 | 27 | 36 | 63 | 72 | 81 |

| × | 2 | 3 | 5 | 7 | 9 |
|---|---|---|---|---|---|
| 3 | 6 | 9 | 15 | 21 | 27 |
| 4 | 8 | 12 | 20 | 28 | 36 |
| 5 | 10 | 15 | 25 | 35 | 45 |
| 7 | 14 | 21 | 35 | 49 | 63 |
| 8 | 16 | 24 | 40 | 56 | 72 |

4 Ligne 1 : tous les nombres sont dans la table de multiplication de 2.
Ligne 2 : tous les nombres sont dans la table de multiplication de 7.
Ligne 3: tous les nombres sont dans la table de multiplication de 6.
Ligne 4 : tous les nombres sont dans la table de multiplication de 9.

5 Il a reçu 48 images. Il y a 7 images par paquet pour Leïla.

6 Sophie a marqué 63 points. Anna a placé 8 fléchettes sur la zone rouge car 7 × 8 = 56. Alice a placé 5 fléchettes sur une zone et 5 sur une autre zone. La seule solution possible est donc 5 fléchettes sur la zone bleue (45 points) et 5 fléchettes sur la zone jaune (15 points) car 60 = 45 + 15.

## À TOI DE JOUER !

L'intrus est 6 × 7.

## Unité 5 . . . . . . . . . . . . . . . . . . .p.74-75

1 Combien de fois 5 : dans 15 ? 3 — dans 25 ? 5
dans 40 ? 8 — dans 45 ? 9
Combien de fois 6 : dans 18 ? 3 — dans 36 ? 6
dans 42 ? 7 — dans 54 ? 9
Combien de fois 8 : dans 24 ? 3 — dans 48 ? 6
dans 56 ? 7 — dans 64 ? 8
Combien de fois 9 : dans 18 ? 2 — dans 36 ? 4
dans 54 ? 6 — dans 72 ? 8

2 Combien de fois 4 : dans 23 ? 5 reste : 3
dans 35 ? 8 reste : 3
Combien de fois 5 : dans 23 ? 4 reste : 3
dans 35 ? 7 reste : 0
Combien de fois 7 : dans 23 ? 3 reste : 2
dans 35 ? 5 reste : 0

3

| | 37 divisé par 5 | 48 divisé par 9 | 60 divisé par 7 | 48 divisé par 8 | 49 divisé par 9 | 49 divisé par 7 |
|---|---|---|---|---|---|---|
| **Quotient entier** | 7 | 5 | 8 | 6 | 5 | 7 |
| **Reste** | 2 | 3 | 4 | 0 | 4 | 0 |

4 Elle mettra 7 photos par page. Elle a déjà rempli 5 pages et il y a 5 photos sur la page incomplète.

5 Gabriel peut faire 2 colonnes de 12 voitures, 3 colonnes de 8 voitures, 4 colonnes de 6 voitures, 6 colonnes de 4 voitures, 8 colonnes de 3 voitures et 12 colonnes de 2 voitures. Il peut aussi faire 1 colonne de 24 voitures et 24 colonnes avec 1 seule voiture.

## À TOI DE JOUER !

8 pages sont remplies (8 × 8 = 64).

## Unité 6 . . . . . . . . . . . . . . . . . . .p.76-77

1 Quel est le double : de 8 ? 16 — de 15 ? 30
de 25 ? 50 — de 17 ? 34
Quelle est la moitié : de 8 ? 4 — de 24 ? 12
de 100 ? 50 — de 32 ? 16
Quel est le triple : de 8 ? 24 — de 12 ? 36
de 15 ? 45 — de 50 ? 150
Quel est le tiers : de 12 ? 4 — de 15 ? 5
de 36 ? 12 — de 60 ? 20
Quel est le quadruple : de 8 ? 32 — de 10 ? 40
de 15 ? 60 — de 25 ? 100
Quel est le quart : de 12 ? 3 — de 24 ? 6
de 80 ? 20 — de 120 ? 30

2 6 → 12 → 3 → 12 → 36 → 18 → 6 → 24 → 48 → 16.

3 120 minutes, c'est le double d'une heure. 30 minutes, c'est la moitié d'une heure. 15 minutes, c'est le quart d'une heure. 20 minutes, c'est le tiers d'une heure. 180 minutes, c'est le triple d'une heure.

4 Le matin, Damien avait 12 billes et Manon en avait 12 aussi.

5 *Il faut d'abord trouver le nombre de fleurs rouges (18) et de fleurs jaunes (12), puis le nombre total de fleurs rouges ou jaunes (30).* Il y a donc 6 fleurs bleues dans le bouquet.

## À TOI DE JOUER !

A : 24 / 13. B : 36 / 52. C : 600. D : 56. E : 42 / 60.
1 : 230. 2 : 46 / 52. 3 : 66. 4 : 150. 5 : 320.

## Unité 7 . . . . . . . . . . . . . . . . . . .p.78-79

1 4 × 10 = 40 — 12 × 10 = 120
25 × 10 = 250 — 80 × 10 = 800
4 × 20 = 80 — 12 × 30 = 360
25 × 40 = 1 000 — 80 × 70 = 5 600
4 × 50 = 200 — 12 × 100 = 1 200
25 × 200 = 5 000 — 80 × 90 = 7 200
4 × 300 = 1 200 — 12 × 400 = 4 800
5 × 1 000 = 25 000 — 80 × 200 = 16 000

**2** 60 : 10 = 6
60 : 30 = 2
300 : 100 = 3
1 500 : 10 = 150
1 500 : 300 = 5
24 000 : 300 = 80
60 : 20 = 3
300 : 10 = 30
300 : 50 = 6
1 500 : 50 = 30
24 000 : 10 = 2 400
24 000 : 8 000 = 3

**3** Pour obtenir 1 200, il faut : multiplier 12 par 100 ou multiplier 60 par 20.
Pour obtenir 250, il faut : diviser 25 000 par 100 ou diviser 5 000 par 20.
Pour obtenir 600, il faut : multiplier 60 par 10 ou diviser 12 000 par 20.

**4** Le coffre contient 12 000 €.

**5**

| | Berlin | Moscou | Rio de Janeiro | Tokyo | Sydney |
|---|---|---|---|---|---|
| Distances en km | 800 | 2 400 | 9 000 | 10 000 | 18 000 |
| Longueurs des fils en cm | 4 | 12 | 45 | 50 | 90 |

## À TOI DE JOUER !

Il faut passer par les cases 50 – 10 000 – 200 – 4 – 800 – 16 – 3 200 – 64 – 12 800 – 256.

## Unité 8 . . . . . . . . . . . . . . . . . . .p.80-81

**1** 15 = 10 + 5 donc 4 × 15 c'est 4 × 10 + 4 × 5, c'est 40 + 20 = 60.
4 = 2 × 2 donc 15 × 4 = 15 × 2 × 2 = 30 × 2 = 60.
18 = 10 + 8 donc 5 × 18 c'est 5 × 10 + 5 × 8, c'est 50 + 40 = 90.
5 c'est la moitié de 10 donc 18 × 5 c'est la moitié de 18 × 10, donc la moitié de 180, donc c'est 90.
12 = 10 + 2 donc 9 × 12 c'est 9 × 10 + 9 × 2, c'est 90 + 18 = 108.
9 = 10 – 1 donc 9 × 12 c'est 10 × 12 – 1 × 12, c'est 120 – 12 = 108.
25 = 20 + 5 donc 25 × 11 c'est 20 × 11 + 5 × 11, c'est 220 + 55 = 275.
11 = 10 + 1 donc 25 × 11 c'est 25 × 10 + 25 × 1, c'est 250 + 25 = 275.

**2** 15 × 5 = 75
25 × 4 = 100
11 × 9 = 99
16 × 11 = 176
15 × 4 = 60
25 × 9 = 225
11 × 11 = 121
16 × 5 = 80
15 × 9 = 135
25 × 11 = 275
11 × 45 = 495
16 × 4 = 64

**3** 12 × 4 = 48
26 × 4 = 104
202 × 4 = 808
215 × 4 = 860
31 × 4 = 124
19 × 4 = 76
65 × 4 = 260
99 × 4 = 396
101 × 4 = 404
39 × 4 = 156
105 × 4 = 420
310 × 4 = 1 240

**4**

| Heures | 9 h | 10 h | 11 h | 12 h |
|---|---|---|---|---|
| Nombre de voitures | 45 | 180 | 60 | 300 |

**5** Loïc a 14 timbres anglais et 168 timbres asiatiques. Il a 238 timbres au total.

## À TOI DE JOUER !

Je suis le nombre 45.

## Unité 9 . . . . . . . . . . . . . . . . . . .p.82-83

**1** 65 = 50 + 15 donc 65 divisé par 5, c'est 50 divisé par 5 plus 15 divisé par 5, c'est 10 + 3 = 13.
56 = 40 + 16 donc 56 divisé par 4 c'est 40 divisé par 4 plus 16 divisé par 4, c'est 10 + 4 = 14.
Comme 2 × 2 = 4, 56 divisé par 4, c'est 56 divisé par 2 (ce qui fait 28) puis 28 divisé par 2, donc c'est 14.
96 = 60 + 36 donc 96 divisé par 6 c'est 60 divisé par 6 plus 36 divisé par 6, c'est 10 + 6 = 16.
Comme 3 × 2 = 6, 96 divisé par 6, c'est 96 divisé par 3 (ce qui fait 32) puis 32 divisé par 2, donc c'est 16.

**2** 60 divisé par 5 = 12
84 divisé par 7 = 12
104 divisé par 4 = 26
64 divisé par 4 = 16
80 divisé par 5 = 16
714 divisé par 7 = 102

**3**

| | 54 divisé par 4 | 68 divisé par 5 | 74 divisé par 6 | 90 divisé par 8 |
|---|---|---|---|---|
| Quotient | 13 | 13 | 12 | 11 |
| Reste | 2 | 3 | 2 | 2 |

**4** Un livre de la collection « Planète » coûte 17 €. Un livre de la collection « Danse » coûte 16 €. Un livre de la collection « Planète » est donc plus cher qu'un livre de la collection « Danse ».

**5** Elle a 40 images de perroquets. Loïc en a 5 fois moins que Anna, il en a donc 32. Il a 16 images de perroquets.

## À TOI DE JOUER !

Il faut passer par les cases 128 – 32 – 192 – 48 – 288 – 72 – 432 – 108 – 27 – 162.

## Unité 10 p.84-85

1 (3 + 7) × 2 = 20
100 – (10 × 5) = 50
3 + (7 × 2) = 17
(100 – 10) × 5 = 450
(7 × 5) + 6 = 41
(12 + 8) × (7 – 4) = 60
7 × (5 + 6) = 77
12 + (8 × 7) – 4 = 64

2 54 – 8 × 5 = 14
12 × 5 – 5 × 8 = 20
6 × 8 × 5 = 240
12 × 5 + 5 × 8 = 100
56 + 14 – 20 + 15 = 65
18 × 10 – 25 – 35 = 120

3 (6 × 10) + 4 = 64
(9 × 6) + 10 = 64
(8 × 8) + 0 = 64
(5 × 10) + 14 = 64
(9 × 7) + 1 = 64
(3 × 8) + 40 = 64

(17 – 1) × 2 = 32
(20 – 4) × 2 = 32
(10 – 8) × 16 = 32
(5 – 1) × 8 = 32
(9 – 8) × 32 = 32

4 On peut faire le calcul suivant :
200 – (15 × 8) – (12 × 5). Le libraire doit lui rendre 20 €.

5 On peut calculer 10 × (12 + 5 + 25)
ou (10 × 12) + (10 × 5) + (10 × 25).
Il a reçu 420 jouets.

### À TOI DE JOUER !

(8 + 5) × 10 = 130
(10 × 5) + 15 = 65
10 × (15 + 5) + 8 = 208

## Unité 11 p.86-87

1 Hauteur d'une pile de 12 livres : 16 cm.
Hauteur d'une pile de 3 livres : 4 cm.

2 Un paquet de 24 feuilles pèse : 100 g.
Un paquet de 48 feuilles pèse : 200 g.
Un paquet de 6 feuilles pèse : 25 g.
Un paquet de 3 feuilles pèse : 12,5 g.
Un paquet de 9 feuilles pèse : 37,5 g.
Un paquet de 18 feuilles pèse : 75 g.
Un paquet de 15 feuilles pèse : 62,5 g.

3 16 cahiers coûtent : 12 €.
24 cahiers coûtent : 18 €.
4 cahiers coûtent : 3 €.
40 cahiers coûtent : 30 €.
20 cahiers coûtent : 15 €.

4 Jean a emporté 6 pneus. Le garagiste va payer 12 pneus.

5 Quentin doit acheter un carton de 6 bouteilles et un pack de 3 bouteilles. Il va payer 16 €.
Il a pris 5 cartons, 1 pack et 2 bouteilles. Il a payé 61 €.

### À TOI DE JOUER !

Les barquettes 2, 3 et 4 indiquent que le kilo de pêches est à 2,50 €. Les 1re et 5e étiquettes sont donc fausses car elles n'indiquent pas 2,50 € par kg de pêches (mais 2,25 € et 2,28 €).

## Unité 12 p.88-89

1 2,5 → 2,6 → 2,7 → 2,8 → 2,9 → 3 → 3,1 → 3,2 → 3,3 → 3,4 → 3,5 → 3,6.
0,57 → 0,58 → 0,59 → 0,6 → 0,61 →0,62 → 0,63 → 0,64 → 0,65 → 0,66 → 0,67 → 0,68.
0,45 → 0,65 → 0,85 → 1,05 → 1,25 → 1,45 → 1,65 → 1,85 → 2,05 → 2,25 → 2,45 → 2,65.
5,7 → 5,2 → 4,7 → 4,2 → 3,7 → 3,2 → 2,7 → 2,2 → 1,7 → 1,2 → 0,7 → 0,2.

2 5,7 → 5,9 → 6,1 → 6,3 → 6,5 → 6,7 → 6,9 → 7,1 → 7,3 → 7,5 → 7,7 → 7,9.
3,96 → 3,98 → 4 → 4,02 → 4,04 → 4,06 → 4,08 → 4,1 → 4,12 → 4,14 → 4,16 → 4,18.

3 0,4 + 0,5 = 0,9
5 – 0,5 = 4,5
4,5 – 2,3 = 2,2
2,7 + 1,3 = 4
0,4 + 2,6 = 3
5 – 2,6 = 2,4
2,7 + 0,2 = 2,9
0,4 + 0,6 = 1
5 – 0,9 = 4,1
4,5 – 0,9 = 3,6
2,7 + 2,7 = 5,4
4,5 – 0,3 = 4,2
2,7 + 0,5 = 3,2
0,4 + 0,9 = 1,3
5 – 4,5 = 0,5
4,5 – 1,9 = 2,6

4 *Il faut d'abord chercher combien coûtent tous les achats (6,10 €).* Le vendeur doit donc lui rendre 3,90 €.

5 *Il faut d'abord chercher combien pèsent ensemble Arthur et le chien (48,4 kg).* Le chat pèse donc 3,6 kg.

### À TOI DE JOUER !

En partant de la boîte du haut de la pile : 42,7 puis 19,1 – 23,6 puis 8,4 – 10,7 – 12,9 puis 4,4 – 4 – 6,7 – 6,2 puis 2,6 – 1,8 – 2,2 – 4,5 – 1,7.

## Unité 13 p.90-91

1 le double : de 0,3 ? 0,6 ; de 2,7 ? 5,4 ; de 3,5 ? 7 ; de 0,25 ? 0,5
la moitié : de 4,2 ? 2,1 ; de 1,2 ? 0,6 ; de 3 ? 1,5 ; de 0,3 ? 0,15

2 Double de 4,5 → 9
Double de 3,52 → 7,04
Moitié de 3,3 → 1,65
Double de 0,35 → 0,7
Moitié de 7 → 3,5

3 3,15 → 6,3 → 12,6 → 25,2 → 50,4.
2,4 → 1,2 → 0,6 → 0,3 → 0,15.
5,6 → 2,8 → 1,4 → 0,7 → 0,35.

**4** Le double du double de 7,8 est égal à 31,2. →Vrai.
La moitié du double de 5,7 est égale à 5,52. → Faux, c'est 5,7.
Le double de la moitié de 0,5 est égal à 0,5. →Vrai.
La moitié de la moitié de 6,2 est égale à 1,6. → Faux, c'est 1,55.

**5** Pour nourrir un tigre pendant 2 jours, il faut **55 kg** de viande. Pour le nourrir pendant 4 jours, il faut **110 kg** de viande.

**6** *Louise est donc deux fois moins lourde que Camille.* Louise pèse **20,5 kg**.

### À TOI DE JOUER !

En partant du haut de la pile : 403,2 puis 201,6 dans les 2 cases, puis 100,8 dans les 3 cases, puis 50,4 dans les 4 cases, puis 25,2 dans les 5 cases, puis 12,6 dans les 6 cases, puis 6,3 dans les 7 cases, puis 3,15 dans les 8 cases.

## Unité 14 .................. p.92-93

**1** 87 → **90** 678 → **700** 4 052 → **4 100**
4 793 → **5 000** 4 793 → **4 800**
20 875 → **21 000** 20 875 → **20 900**

**2** Exemple de réponses :
498 + 309 → valeur approchée **800**
903 - 690 → valeur approchée **200**
1 285 + 688 → valeur approchée **2 000**
3 687 - 1 316 → valeur approchée **2 400**
759 + 448 → valeur approchée **1 200**
2 289 - 313 → valeur approchée **2 000**
912 + 2 098 + 1 895 → valeur approchée **4 900**
15 579 - 988 → valeur approchée **14 600**

**3** 689 + 32 → **700**
418 + 289 → **700**
2 036 + 578 + 1 215 → **3 800**
683 - 108 → **600**
4 025 - 2 967 → **1 000**

**4** Elle paiera approximativement **1 300 €**.

**5** Estimation lot n°1 : **900 €**.
Estimation lot n° 2 : **200 €**.
Estimation lot n°3 : **9 000 €**.

### À TOI DE JOUER !

Félix Baumgartner a sauté approximativement de **40 000 m** d'altitude. Il a atteint approximativement la vitesse de **1 200 km/h**.

# Corrigés CM2

## Unité 1 .................. p.96-97

**1** 12 365 474 - 1 508 745 - 564 781 250 - 200 540 680 - 74 081 205

**3** 4 999 999 < 40 000 000 < 49 999 999 < 50 000 000 < 99 999 909 < 99 999 999 < 400 000 000 < 400 000 001 < 410 000 100.

**4** 3 100 088 – 40 000 409 – 500 500 505.

**5** 314 000 654 = 300 000 000 + 10 000 000 + 4 000 000 + 600 + 50 + 4
12 451 548 = 10 000 000 + 2 000 000 + 400 000 + 50 000 + 1 000 + 500 + 40 + 8
10 000 002 = 10 000 000 + 2
99 999 999 = 90 000 000 + 9 000 000 + 900 000 + 90 000 + 9 000 + 900 + 90 + 9

**6** Souviens-toi que *ordre décroissant de population* signifie *de la plus forte population à la plus faible*.
1968 → 1975 → 2011 → 2006 → 1982 → 1990 → 1999.

**7** Plus petit nombre : **123 456 789**.
Plus grand nombre : **987 654 321**.

### À TOI DE JOUER !

Le nombre mystère est : **149 600 000**.

## Unité 2 .................. p.98-99

**1** 40 + 30 + 70 = **140**
800 + 200 + 800 = **1 800**
600 + 2 000 + 400 = **3 000**
15 000 - 3 000 = **12 000**
5 000 - 400 = **4 600**
8 000 - 800 = **7 200**
70 + 20 + **10** = 100
300 + 600 + **300** = 1 200
5 000 + 8 000 + **7 000** = 20 000
4 000 + 8 000 + **0** = 12 000

**2**

| 800 | 1 500 | 2 200 | **2 900** | **3 600** |
|---|---|---|---|---|
| **4 300** | **5 000** | **5 700** | **6 400** | **7 100** |
| **9 800** | **10 600** | **11 400** | **12 200** | 13 000 |
| 13 800 | 14 600 | **15 400** | **16 200** | **17 000** |

| 54 400 | 55 300 | 56 200 | 57 100 | 58 000 |
|---|---|---|---|---|

| 58 900 | 59 800 | 60 700 | 61 600 | 62 500 |
|---|---|---|---|---|

**3** *Sommes égales à 20 000* : 13 000 + 7 000 / 15 200 + 4 800 / 9 000 + 4 000 + 7 000 / 2 500 + 8 500 + 9 000.

*Différences égales à 1 500* : 8 500 – 7 000 / 4 800 – 3 300 / 4 000 – 2 500.

**4** La navette a été chargée de **40 000 kg** (calcul : 109 000 – 69 000). Il faut la décharger d'au moins **5 000 kg** à l'atterrissage (calcul : 109 000 – 104 000).

**5** Le plus grand écart est de **344 000 000** de km (calcul : 400 000 000 – 56 000 000). Entre mars 2012 et mai 2016, la distance variera de **26 000 000 de km** (calcul : 101 000 000 – 75 000 000). Entre avril 2014 et mai 2016, la distance variera de **17 000 000 de km** (calcul : 92 000 000 – 75 000 000).

### À TOI DE JOUER !

Le nombre bizarre est **8 000**.

## Unité 3 p.100-101

**1** Nombres proches de 3 000 : 2 900 / 3 256.
Nombre proche de 4 000 : 3 768.
Nombres proches de 5 000 : 4 875 / 5 137 / 5 194 / 4 789.

**2** 97 + 54 + 112 + 48 = 391 → faux (résultat proche de **300**)
8 206 + 6 898 = 15 104 → peut être vrai (résultat proche de **15 000**)
6 509 + 3 513 + 986 = 10 008 → faux (résultat proche de **11 000**)
512 – 97 = 315 → faux (résultat proche de **400**)
3 168 – 2 867 = 501 → faux (résultat proche de **300**)
5 985 – 3 186 = 2 799 → peut être vrai (résultat proche de **3 000**)

**3** *Il faut entourer* **400** / **1 700** / **26 000** / **900** / **0** / **3 000**.

**4** Lots qu'elle ne peut pas acheter : radio, trottinette, jeu d'échec / radio, trottinette, jeu de société / radio, trottinette, DVD / trottinette, jeu d'échec, jeu de société.

**5** Louis a raison.

### À TOI DE JOUER !

Par exemple : 234 + 567 + 8 901 → valeur approchée 9 800.
9 876 + 543 + 210 → valeur approchée 10 700. C'est la somme qui donne le plus grand résultat possible.

## Unité 4 p.102-103

**1** 85 + 35 = **120**
140 + 260 = **400**
178 + 32 = **210**
2 700 + 1 300 = **4 000**
2 780 + 1 020 = **3 800**
86 + 24 = **110**
250 + 350 = **600**
369 + 321 = **690**
3 650 + 350= **4 000**
1 680 + 320 = **2 000**

**2** de 75 à 103 → **28**
de 265 à 370 → **105**
de 580 à 705 → **125**
de 356 à 456 → **100**
de 72 à 280 → **208**
de 640 à 1 020 → **380**

**3**

| 200 | 299 | 398 | 497 | 596 | 695 | 794 | 893 | 992 | 1 091 |
|---|---|---|---|---|---|---|---|---|---|
| 1 287 | 1 188 | 1 089 | 990 | 891 | 792 | 693 | 594 | 495 | 396 |
| 745 | 846 | 827 | 928 | 909 | 1 010 | 991 | 1 092 | 1 073 | 1 174 |

**4** Le chien pèse **26 kg** et chaque chat pèse **4 kg**.

**5** Trajet le plus court : celui qui passe devant le cinéma (trajet 2).
Trajet le plus long : celui qui passe devant la mairie (trajet 1).

### À TOI DE JOUER !

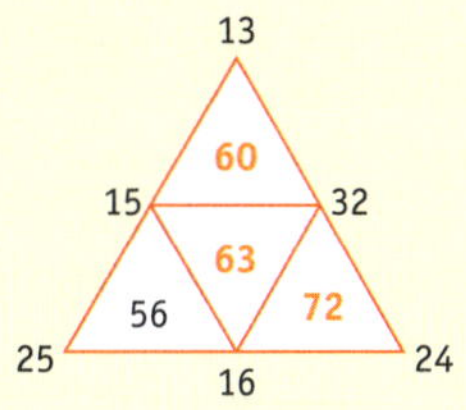


Exemple :

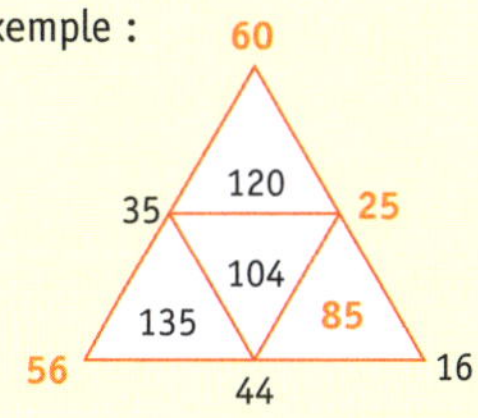


## Unité 5 p.104-105

**1** 75 + 50 = **125**
750 + 250 = **1 000**
75 × 4 = **300**
750 : 3 = **250**
1 000 : 5 = **200**
25 + 25 + 25 = **75**
30 × 4 = **120**
250 × 5 = **1 250**
500 : 4 = **125**

**2** 25 dans 125 → **5**
25 dans 500 → **20**
15 dans 75 → **5**
15 dans 90 → **6**
25 dans 200 → **8**
25 dans 800 → **32**
15 dans 120 → **8**
15 dans 180 → **12**

**3**

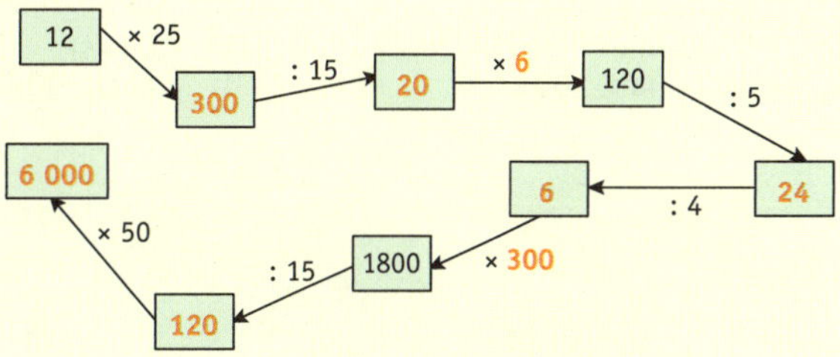

**4** Le matin, les entrées ont rapporté **1 900 €**, l'après-midi elles ont rapporté **2 640 €**. Pour la journée, les entrées ont donc rapporté **4 540 €**. L'après-midi, elles ont rapporté **740 €** de plus que le matin.

**5** *Il faut chercher en essayant des nombres de boîtes de 15 chocolats et des nombres de boîtes de 25 chocolats, en t'assurant que le total des boîtes est égal à 14.* La marchande lui a remis **8 boîtes de 15 chocolats** et **6 boîtes de 25 chocolats**.

## À TOI DE JOUER !

– Avec une seule fléchette : il faut la placer sur 50 car 50 × 20 = 1 000.
– Avec une fléchette dans une zone et une autre dans une autre : il faut les placer dans 50 et 150 car 200 × 5 = 1 000 ou dans 150 et 350 car 500 × 2 = 1000.
– Avec une fléchette dans chaque zone : impossible.
– Avec deux fléchettes dans la même zone : il faut les placer sur 50 car 100 × 10 = 1 000.
– Avec trois fléchettes dans la même zone : impossible.

## Unité 6 ........................p.106-107

**1** 5 min = **300** secondes
2 jours = **48** heures
10 semaines = **70** jours
5 heures = **300** minutes
3 ans = **36** mois
8 heures = **480** minutes
4 ans = **48** mois
9 min = **540** secondes
10 jours = **240** heures
11 semaines = **77** jours

**2** 639 secondes = **10** minutes et **39** secondes
400 minutes = **6** heures et **40** minutes
63 mois = **5** ans et **3** mois
250 heures = **10** jours et **10** heures
74 jours = **10** semaines et **4** jours
1 204 heures = **7** semaines **1** jour et **4** heures.

**3** 5 h 29 min 16 s + 3 h 32 min 44 s = **9 h 2 min**
5 h 23 min 26 s + 4 h 36 min 34 s = **10 h**
5 h 24 min 16 s + 3 h 26 min 40 s = **8 h 50 min 56 s**

**4** Stéphane est resté **25 min** chez le dentiste.

**5** Sofia est entrée à **15 h 55** chez l'ophtalmo.

**6** Raphaël est né le **1er janvier 2003**.
Tu peux utiliser une ligne du temps pour être sûr.

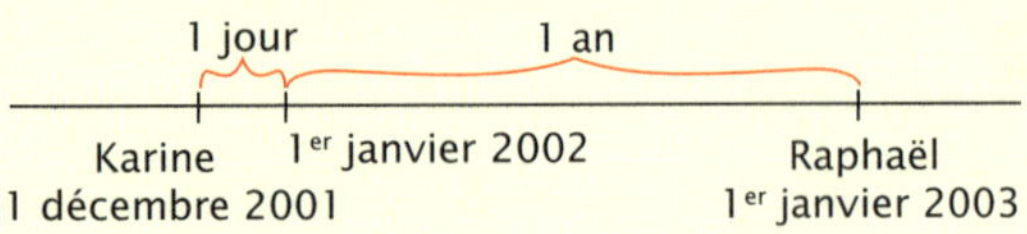


## Unité 7 ........................p.108-109

**1**

| nombre | 5,9 | 25,38 | 178,034 | 5 | 0,004 |
|---|---|---|---|---|---|
| partie entière | 5 | 25 | 178 | 5 | 0 |
| partie décimale | 0,9 | 0,38 | 0,034 | 0 | 0,004 |

**2** 6,**4**7 → **4** est le chiffre des **dixièmes** / **1**2,04 → **1** est le chiffre des **dizaines** / 65,42**7** → **7** est le chiffre des **millièmes** / 54,7**8** → **8** est le chiffre des **centièmes**.

**3** 708,50 = **708,5**　07,50 = **7,5**　708,05 = **708,05**
007,80 = **7,8**　78,500 = **78,5**　708,505 = **708,505**

**4** 3,8 **<** 3,9　4,27 **>** 4,2　18,99 **<** 19
1,08 **<** 1,8　3,05 **>** 3,005　75,9 **=** 75,905

**5** *Il y a chaque fois beaucoup de réponses possibles. En voici des exemples :*
8 < **8,106** < 9 / 2,7 < **2,79** < 2,8 / 0 < **0,88** < 1 /
1 000 < **1 000,504** < 1 001
14 < **14,7** < 15 / 1,04 < **1,042** < 1,05 / 9,9 < **9,95** < 10 /
4,99 < **4,995** < 5

**6**

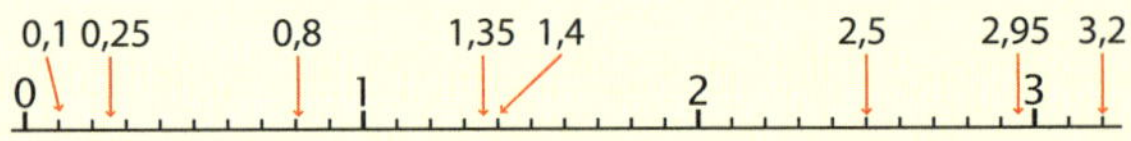


**7** *C'est faux. Il y a beaucoup de nombres décimaux entre 5,4 et 5,5, par exemple : 5,41 ; 5,405 ; 5,498 etc. Il y en a même une infinité. Par exemple 5,40007009006 est situé entre 5,4 et 5,5.*

**8** 1er : Florent Manaudou / 2e : Cullen Jones /
3e : Cesar Cielo.

## À TOI DE JOUER !

Je suis **41,323**.

## Unité 8 ........................p.110-111

**1** 8,5 + 0,5 = **9**　2,5 + 0,6 = **3,1**　3,5 – 0,5 = **3**
2,5 – 2,4 = **0,1**　4,2 + 0,8 = **5**　5 + 2,5 = **7,5**
10,2 – 1,1 = **9,1**　32,4 – 1,5 = **30,9**　3,3 + 4,7 = **8**
10,5 + 4,5 = **15**　2,5 – 0,6 = **1,9**　50 – 0,5 = **49,5**

**2** 2,5 + **0,5** = 3　3,5 + **1,5** = 5　**11,5** – 1,5 = 10
21,1 – **0,3** = 20,8　**0,5** + 11,5 = 12　**4,5** + 15,5 = 20
49,5 – **0,5** = 49　**101,5** – 1,5 = 100　**24,5** + 25,5 = 50
49,5 + **5,5** = 55　50 – **0,8** = 49,2　**21** – 10,5 = 10,5

**3**

0 → (+ 1) → 1 → (+ 0,1) → **1,1** → (+ 10,1) → **11,2** → (+ 10) → **21,2** → (+ 2,2) → **23,4**

8,9 → (+ 1) → **9,9** → (+ 0,1) → **10** → (+ 10,1) → **20,1** → (+ 10) → **30,1** → (+ 2,2) → **32,3**

50 → (- 1) → **49** → (- 0,1) → **48,9** → (- 10,1) → **38,8** → (- 10) → **28,8** → (- 2,2) → **26,6**

**4**

| 0 | 0,5 | **1** | 1,5 | **2** | 2,5 | **3** | **3,5** | **4** | **4,5** |
|---|---|---|---|---|---|---|---|---|---|

| 5,15 | 5,25 | **5,35** | **5,45** | 5,55 | **5,65** | **5,75** | **5,85** | **5,95** | **6,05** |
|---|---|---|---|---|---|---|---|---|---|

| 10,35 | 10,34 | **10,33** | **10,32** | **10,31** | **10,3** | **10,29** | 10,28 | **10,27** | **10,26** |
|---|---|---|---|---|---|---|---|---|---|

| 0,908 | 0,809 | **0,71** | **0,611** | **0,512** | **0,413** | **0,314** | **0,215** | **0,116** | **0,017** |
|---|---|---|---|---|---|---|---|---|---|

**5** Il doit acheter **4,5 mètres** de planche.

**6** Jeanne mesure **1,44 m**. Caroline mesure **1,37 m**. Manon mesure **1,98 m**.

### À TOI DE JOUER !

Il faut passer par les cases [8,1] puis [8 + 0,035] puis [6 + 0,41] puis [10 – 4,8] puis [4,8 + 0,3] puis [7,1 + 0,5] puis [9 – 1,8] puis [8 – 0,9] puis [5 + 0,5] puis [5].

## Unité 9 . . . . . . . . . . . . . . . . . .p.112-113

**1** Double : de 0,4 ? **0,8** de 6,5 ? **13**
de 3,8 ? **7,6** de 2,25 ? **4,5**
Moitié : de 4,4 ? **2,2** de 4,5 ? **2,25**
de 10,2 ? **5,1** de 1,4 ? **0,7**

**2** Double de 5,5 : **11** Double de 4,35 : **8,7**
Double de 100,12 : **200,24**
Moitié de 15 : **7,5** Moitié de 10,3 : **5,15**

**3** 5,2 → **10,4** → **20,8** → **41,6** → **83,2**
88,8 → **44,4** → **22,2** → **11,1** → **5,55**

**4** Le double du double de 25,5 est égal à 102 → **vrai**.
La moitié du double de 100,5 est égale à 400 → **faux**, c'est 100,5.
Le double de la moitié de 3,5 est égal à 7 → **faux**, c'est 3,5.
La moitié de la moitié de 10,8 est égale à 2,5 → **faux**, c'est 2,7.

**5** *Il faut d'abord calculer le périmètre du rectangle : 37,5 m. Puis il faut soustraire la longueur de l'entrée (1,5 m).* La longueur de la clôture sera de **36 m**.

**6** Pierrot mesurait **1,48 m** et son chien mesurait **0,37 m** (soit 37 cm).

### À TOI DE JOUER !

Le garçon pèse **63,22 kg** et la fille **31,6 kg**.

## Unité 10 . . . . . . . . . . . . . . . . . .p.114-115

**1** 4,5 est le **triple** de 1,5.
100,8 est le **quadruple** de 25,2.
22 est le **quadruple** 5,5.
31,5 est le **triple** 10,5.
1,2 est le **quart** de 4,8.
3,3 est le **tiers** 9,9.
7,5 est le **quart** 30.
90,9 est le **triple** 30,3

**2** Triple : de 0,4 ? **1,2** de 5,5 ? **16,5**
de 3,8 ? **11,4** de 2,25 ? **6,75**
Tiers : de 1,5 ? **0,5** de 2,1 ? **0,7**
de 3,3 ? **1,1** de 6,6 ? **2,2**
Quadruple : de 0,4 ? **1,6** de 5,5 ? **22**
de 3,8 ? **15,2** de 2,25 ? **9**
Quart : de 4,4 ? **1,1** de 10,4 ? **2,6**
de 14,8 ? **3,7** de 100,8 ? **25,2**

**3** Le triple de 5,5 est **16,5**.
Le tiers de 4,35 est **1,45**.
Le quart de 100,12 est **25,03**.
Le quadruple de 1,25 est **5**.

**4** *Il y a 14 chocolats à partager entre 4 enfants.* Chacun aura donc **3 chocolats et demi**.

**5** *Le segment tracé mesure 4,5 cm.* Le 1er segment que tu dois tracer doit mesurer **1,5 cm**. Le 2e segment que tu dois tracer doit mesurer **13,5 cm**.

### À TOI DE JOUER !

Le livre a **6** chapitres.

## Unité 11 . . . . . . . . . . . . . . . . . .p.116-117

**1** Dans la division de 79 par 25, le reste est égal à 26 → **faux**, le reste doit être plus petit que le diviseur.
Dans la division de 780 par 10, le reste est égal à 0 → **vrai**.
Dans la division de 22 par 3, le reste est égal à 0 → **faux**, il est égal à 1.
Dans la division de 28 par 5 le reste est égal à 3 → **vrai**.

**2** 306 divisé par 3 : quotient = **102**, reste = **0**
306 divisé par 10 : quotient = **30**, reste = **6**
306 divisé par 5 : quotient = **61**, reste = **1**
306 divisé par 8 : quotient = **38**, reste = **2**
306 divisé par 6 : quotient = **51**, reste = **0**

**3** 19 divisé par 6 → q = **3** r = **1**
49 divisé par 6 → q = **8** r = **1**
7 divisé par 2 → q = **3** r = **1**
59 divisé par 6 → q = **9** r = **5**
102 divisé par 10 → q = **10** r = **2**
58 divisé par 11 → q = **5** r = **3**
129 divisé par 10 → q = **12** r = **9**
2 412 divisé par 100 → q = **24** r = **12**

**4** Elle pourra faire **8** bouquets et il restera **8** roses.

5 Il faudra 5 cars. Dans l'un des cars, il restera 5 places libres. En effet, il faut 4 cars avec 50 sportifs et un car avec 45 sportifs.

## À TOI DE JOUER !

En route pour le collège !

## Unité 12 ..................p.118-119

1 Il faut entourer 3 coquillages, 3 lignes de bonbons (ou 18 bonbons), 14 billes.

2 $\frac{3}{4}$ de 20 → 15
$\frac{4}{9}$ de 36 → 16
$\frac{4}{5}$ de 45 → 36
$\frac{9}{10}$ de 50 → 45
$\frac{5}{6}$ de 18 → 15
$\frac{2}{3}$ de 36 → 24
$\frac{2}{7}$ de 49 → 14
$\frac{6}{8}$ de 48 → 36

3 $\frac{1}{3}$ de 12, c'est 4.
$\frac{3}{7}$ de 21, c'est 9.
$\frac{3}{4}$ de 20, c'est 15.
$\frac{4}{5}$ de 10, c'est 8.
$\frac{2}{3}$ de 30, c'est 20.
$\frac{3}{5}$ de 30, c'est 18.

4 Dimitri a lu 100 pages.

5 Il a vendu les $\frac{3}{4}$ des iris.

6 Le matin, Sana a collé 40 timbres. Il lui en reste donc 80. L'après-midi, elle en colle 60. Elle en a donc collé 100. Il en reste donc 20 à coller, c'est-à-dire $\frac{1}{6}$ des timbres reçus.

## Unité 13 ..................p.120-121

1 Une pile de 10 briques mesurera 24 cm.
Une pile de 30 briques mesurera 72 cm.
Pour avoir une hauteur de 36 cm, il faut empiler 15 briques.
Pour avoir une hauteur de 120 cm, il faut empiler 50 briques.
Pour avoir une hauteur de 60 cm, il faut empiler 25 briques.

2 Le matin, il doit utiliser 20 roses (pour faire 4 bouquets). À midi, il doit utiliser 50 roses (pour faire 10 bouquets). L'après-midi, il doit utiliser 18 iris (pour faire 6 bouquets).

3

| € | 100 | 50 | 150 | 125 | 20 | 400 |
|---|---|---|---|---|---|---|
| **Francs suisses** | 120 | 60 | 180 | 150 | 24 | 480 |

4 Pour répondre, il faut mesurer les longueurs des segments sur le dessin, puis utiliser le fait que 2 cm représente 10 km ou que 1 cm représente 5 km.

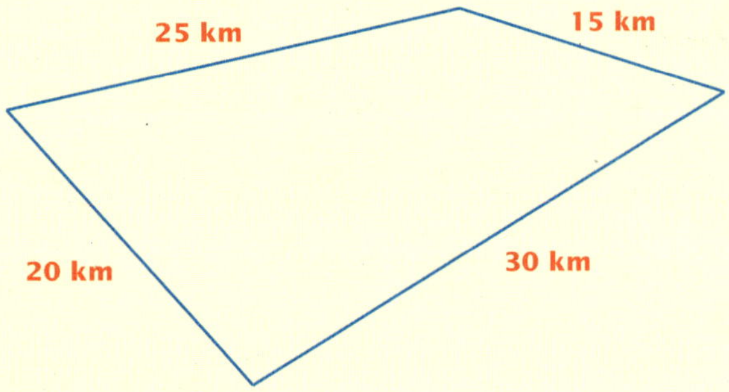


## À TOI DE JOUER !

Le sirop dans la bouteille de 75 cl n'a pas le même goût que les autres : il aurait fallu mettre 30 cuillères de sirop.

## Unité 14 ..................p.122-123

1 Elle a 20 timbres chinois, 40 timbres japonais, 100 timbres allemands, 240 timbres français.

2 En 30 min, la gazelle parcourt 40 km, en 3 h elle parcourt 240 km, en 15 min elle parcourt 20 km et en 2 h 15 min elle parcourt 180 km.

3 *Il faut chercher quelle distance le kangourou pourrait parcourir en 1h (1h = 4 quarts d'heure).*
Sa vitesse moyenne est de 100 km/h. Pour parcourir 150 km, il lui faudrait donc 1 h 30 min.

4 Pour parcourir 14 km au pas, il faut 2 h. Pour parcourir 6 km au trot, il faut 30 min.
Pour parcourir 10 km (ce qui reste à parcourir) au galop, il faut encore 30 min.
Au total, le cheval aura mis 3 h pour faire les 30 km (2 h + 30 min + 30 min)

5 *La réduction de 10 % a été faite sur l'article le plus cher, donc sur le prix de la machine à café.*
Le prix total sans réduction est de 145 €. La réduction sur la machine à café est de 7,50 €. La réduction sur le poste de radio est de 8 €. La réduction sur la bouilloire est de 6 €. La réduction totale est donc de 21,50 €. Arthur a donc payé 123,50 €.
Pour Zoé, la réduction de 10 % est faite sur l'aspirateur qu'elle va donc payer 90 €. Pour les deux fers à repasser, le prix sans réduction est de 90 €. Avec la réduction de 20 %, cela fait donc 72 €. Zoé va payer au total 162 €.

## À TOI DE JOUER !

La tortue marche pendant 24 h à 0,25 km/h : elle parcourt donc 6 km au total (0,25 × 24 = 6).
Le lièvre pense rattraper la tortue en courant seulement 5 minutes à 60 km/h. Mais en 5 minutes, il n'aura fait que 5 km. Il n'aura donc pas rattrapé la tortue.

# Addition et soustraction

## *Les résultats de la table d'addition*

| + | 0 | 1 | 2 | 3 | 4 | 5 | 6 | 7 | 8 | 9 |
|---|---|---|---|---|---|---|---|---|---|---|
| **0** | 0 | 1 | 2 | 3 | 4 | 5 | 6 | 7 | 8 | 9 |
| **1** | 1 | 2 | 3 | 4 | 5 | 6 | 7 | 8 | 9 | 10 |
| **2** | 2 | 3 | 4 | 5 | 6 | 7 | 8 | 9 | 10 | 11 |
| **3** | 3 | 4 | 5 | 6 | 7 | 8 | 9 | 10 | 11 | 12 |
| **4** | 4 | 5 | 6 | 7 | 8 | 9 | 10 | 11 | 12 | 13 |
| **5** | 5 | 6 | 7 | 8 | 9 | 10 | 11 | 12 | 13 | 14 |
| **6** | 6 | 7 | 8 | 9 | 10 | 11 | 12 | 13 | 14 | 15 |
| **7** | 7 | 8 | 9 | 10 | 11 | 12 | 13 | 14 | 15 | 16 |
| **8** | 8 | 9 | 10 | 11 | 12 | 13 | 14 | **15** | 16 | 17 |
| **9** | 9 | 10 | 11 | 12 | 13 | 14 | 15 | 16 | 17 | 18 |

**À partir de cette table, tu peux trouver tout de suite :**

- une somme : 8 + 7 = 15
- un complément : de 8 à 15, il y a 7
- une différence : 15 – 8 = 7
- une décomposition : 15 = 8 + 7

**Savoir par cœur 8 + 7 = 15 te permet de déduire que :**

- 80 + 70 = 150
- 68 + 7 = 75     (60 + 15)
- 0,8 + 0,7 = 1,5
- 1,5 – 0,8 = 0,7

## *Des compléments*

De 36 pour aller à 40 → 4
De 36 pour aller à 100 → 64
De 65 pour aller à 70 → 5
De 65 pour aller à 100 → 35

De 0,3 pour aller à 1 → 0,7
De 7,4 pour aller à 8 → 0,6
De 9,5 pour aller à 10 → 0,5
De 13,95 pour aller à 14 → 0,05

## *Des résultats qui servent souvent*

25 + 25 = 50
2,5 + 2,5 = 5
0,25 + 0,25 = 0,5

50 + 50 = 100
0,5 + 0,5 = 1
0,05 + 0,05 = 0,1

25 + 75 = 100
2,5 + 7,5 = 10
0,25 + 0,75 = 1

## Mémo Chouette

# Multiplication et division

### • *Les résultats de la table de multiplication*

| × | 0 | 1 | 2 | 3 | 4 | 5 | 6 | 7 | **8** | 9 |
|---|---|---|---|---|---|---|---|---|---|---|
| **0** | 0 | 0 | 0 | 0 | 0 | 0 | 0 | 0 | 0 | 0 |
| **1** | 0 | 1 | 2 | 3 | 4 | 5 | 6 | 7 | 8 | 9 |
| **2** | 0 | 2 | 4 | 6 | 8 | 10 | 12 | 14 | 16 | 18 |
| **3** | 0 | 3 | 6 | 9 | 12 | 15 | 18 | 21 | 24 | 27 |
| **4** | 0 | 4 | 8 | 12 | 16 | 20 | 24 | 28 | 32 | 36 |
| **5** | 0 | 5 | 10 | 15 | 20 | 25 | 30 | 35 | 40 | 45 |
| **6** | 0 | 6 | 12 | 18 | 24 | 30 | 36 | 42 | 48 | 54 |
| **7** | 0 | 7 | 14 | 21 | 28 | 35 | 42 | 49 | **56** | 63 |
| **8** | 0 | 8 | 16 | 24 | 32 | 40 | 48 | 56 | 64 | 72 |
| **9** | 0 | 9 | 18 | 27 | 36 | 45 | 54 | 63 | 72 | 81 |

**À partir de cette table, tu peux trouver tout de suite :**
- un produit : 7 × 8 = 56
- un facteur : dans 56, il y a 7 fois 8
- un quotient : 56 : 8 = 7
- une décomposition : 56 = 7 × 8

**Savoir par cœur 7 × 8 = 56 te permet de déduire que :**
- 70 × 80 = 5 600
- 560 : 7 = 80
- 60 est compris entre 7 × 8 et 8 × 8
- Dans 60, il y a 7 fois 8…

### • *Des résultats qui servent souvent*

| | | | |
|---|---|---|---|
| 2 × 25 = 50 | 2 × 15 = 30 | 2 × 0,5 = 1 | 2 × 0,25 = 0,5 |
| 3 × 25 = 75 | 3 × 15 = 45 | 3 × 0,5 = 1,5 | 3 × 0,25 = 0,75 |
| 4 × 25 = 100 | 4 × 15 = 60 | 4 × 0,5 = 2 | 4 × 0,25 = 1 |

### • *Multiplier par 10, par 100…*

Chaque chiffre du nombre multiplié prend une valeur 10 fois, 100 fois plus grande.

| | milliers | centaines | dizaines | unités | , | dixièmes | centièmes | millièmes |
|---|---|---|---|---|---|---|---|---|
| 207 × 10 = 2 070 | | 2 | 0 | 7 | | | | |
| | 2 | 0 | 7 | 0 | | | | |
| 2,458 × 100 = 245,8 | | | | 2 | , | 4 | 5 | 8 |
| | | 2 | 4 | 5 | , | 8 | | |
| 13,4 × 100 = 1 340 | | | 1 | 3 | , | 4 | | |
| | 1 | 3 | 4 | 0 | | | | |

*(D'après Dico-maths CM, Collection Cap maths 2011, Hatier)*